Chardonnay, vers Montsoreau (Maine-et-Loire).

Jean-Marie Laclavetine

La Loire
Mille kilomètres de bonheur

NATIONAL GEOGRAPHIC

Les photographies et le texte
de cet ouvrage sont extraits
de la collection *La France*.

Photo de couverture : la Loire au lever du soleil.

ISBN : 2-84582-052-6

La Loire
Mille kilomètres de bonheur

La Loire est toujours près de moi. Je la contemple l'hiver quand elle s'ébroue dans ses draps de brume ; j'y patauge l'été dès l'aube ; je pressens ses humeurs, ses fatigues ; je la respire, je la scrute, je lui parle : je l'aime.

Je sais l'attendre sans soupirer, sacrée sauvageonne, la guetter au matin, accepter ses caprices et ses rebuffades. Interminablement je la regarde coiffer ses tresses de sable ; je sais l'espérer.

Elle nous entoure, elle nous avale, elle nous dépasse, elle nous échappe. Farouche, imprévisible, tour à tour sombre et lucide, cavaleuse, langoureuse, agressive, resserrée dans un corset de gorges criardes ou étirant mollement son ennui de vaste vallée, maussade ou sautillante, vaporeuse ou crispée, dans le béton des retenues ou dans les plages sans fin des étiages d'été, elle en fait trop, elle nous fatigue, elle nous excède, elle nous a au charme et au sentiment.

Si vous n'avez pas de goût pour les ravissantes sorcières, ne restez pas là. Allez donc voir plutôt du côté de la Seine, duègne accorte et bien vêtue entre ses berges sans mystère, ses prés repassés à l'amidon comme des mouchoirs flambant neufs, haies pimpantes et maisons bourgeoises. Allez voir la Garonne, sœur bougonne toujours flanquée de ce pauvre canal qui se cramponne à elle comme un frérot apeuré. Et si vous avez la folie des grandeurs, rendez visite au Rhin, au Rhône, au Danube, ces gros lourdauds qui travaillent dans l'industrie et se font les muscles en trimballant des sacs de ciment et des déchets radioactifs. Là tout n'est qu'ordre, luxe et calme ; pour la volupté, vous repasserez – à La Charité-sur-Loire, par exemple, ou Candes-Saint-Martin, ou Saint-Florent-le-Vieil.
Le long de la Loire, de la source jusqu'à Saint-Nazaire, j'ai pris le temps de converser avec ceux qui la couvent du regard d'un bout à l'autre de l'année. Comme ils m'ont parlé d'elle, tous ! Avec ce je ne sais quoi de rêveur, ce ton d'émotion intime... Elle constitue pour ceux qui la côtoient un sujet constant de préoccupation, d'inquiétude, de plaisir. Tout au long du parcours, on donne des nouvelles du fleuve, on commente ses variations de niveau, de couleur, ses colères subites, ses déprimes passagères... C'est que la Loire est le seul fleuve d'Europe à changer en permanence. Comme certaines femmes, elle ne se ressemble pas d'un jour sur l'autre. Un Fregoli de l'hydraulique ! Aujourd'hui

revêche, décoiffée et salie par une crue soudaine, demain apaisée et bien sage sur ses plages verdies, bientôt amincie à l'étiage au point d'être presque invisible, elle se donne en spectacle, sans entracte ni relâche. Une variation de niveau de quelques centimètres, et c'est toute sa physionomie qui change. « Maîtresse des heures qui passent », disait d'elle Maurice Genevoix, né natif de Decize et infatigable amoureux de *la rivière*. Et de fait, combien d'heures et de journées j'ai laissé filer après elle…
Essayons d'être impartial : les autres fleuves ont leurs attraits, c'est avéré, c'est indéniable. Chacun a son petit mérite, son accent, son grain particulier ; mais voilà : ils sont prévisibles. Engoncés dans leurs lits rectilignes comme des sous-préfets de la IIIe République dans leurs cols cheminée, menés à la schlague à force de barrages, de digues, de remblais, ils se tiennent à carreau, ils vont où on leur dit d'aller. Pas une crue plus haute que l'autre !
Notre Loire, c'est autre chose. Oh, bien sûr, pour un fleuve sauvage, je la trouve rudement civilisée. Mais elle seule jouit du privilège royal d'un lit gigantesque où elle peut se répandre à son aise. Ce n'est pas un cours d'eau : voilà cent rivières qui dansent des pas compliqués, qui s'entrelacent, se mêlent et se démêlent. La question du lit, pour les gens comme pour les fleuves est de première importance.

Une ravissante sorcière

Être en Loire, c'est se mettre à l'écart du monde, animalcule errant sur l'enclume luisante martelée de nuages. Je l'ai contemplée entre Sainte-Eulalie et Arlempdes, d'abord étroite et farouche, bordée de grèves limoneuses, hérissée de rochers, surplombée de falaises, je l'ai entendue rugir comme une dompteuse pour faire étinceler le ventre des farios dans leurs bonds à contre-courant. Je l'ai suivie dans ses caprices, ses boucles somptueuses. J'ai vu aussi ce qui lui sera désormais épargné : les paysages lunaires des barrages à moitié vides, aux marnages grisâtres, aux lugubres gravières. Je l'ai vue s'apaiser peu à peu, prendre de la bouteille en allant vers Pouilly ; j'ai égrené avec elle le chapelet des villes patientes et blanches, jusqu'à l'embouchure où elle plonge sous l'océan. Souveraine, changeante, sauvage ou solennelle, fleuve de sable et de lumière : mille kilomètres de bonheur ! Ayons une pensée compatissante pour les pauvres

bougres qui n'ont que la rustique Vistule ou la fangeuse Amazone à se mettre sous les yeux...
L'administration du territoire a ses raisons, et l'on perdrait beaucoup de temps à les discuter. Ainsi, le domaine qui nous est imparti suit le découpage administratif, et comprend deux grandes régions: Centre et Pays-de-la-Loire, articulées autour de l'épine dorsale ligérienne. Nous prendrons donc le fleuve à l'endroit où il commence à infléchir sa course vers l'ouest, après avoir longtemps hésité à filer jusqu'au Pas-de-Calais. Jupiter lui-même eut, dit-on, l'excellente idée de commander à Hercule ce treizième et dernier travail: détourner la rivière afin de complaire à Neptune l'océanique, amoureux de la belle Ligeria. Un jeu d'enfant pour Hercule, spécialiste du piratage fluvial, qui avait déjà kidnappé le fleuve Alphée à des fins prophylactiques. Imaginons, sans ce salutaire redressement, ce qu'eût été l'histoire nationale: Orléans se retrouvait à Melun, Blois à Pontoise, Tours à Beauvais, Nantes à Dieppe, et le Jardin de la France à sec. On peut critiquer Jupiter, mais sa main leste et baladeuse fut aussi parfois heureuse.
Bref, nous prenons la Loire au moment où elle entame la partie suave de son parcours, en quittant les rudesses de son enfance malheureuse. Là où elle grandit, il n'y a pas si longtemps on mettait les morts sur les toits en hiver pour pouvoir les enterrer à Pâques dans la terre dégelée. J'ai connu un homme qui, voici quelques années, est resté coincé

pendant une semaine dans une auberge de Sainte-Eulalie, non loin de la source. Notre sort est plus enviable : Briare, Gien, Pouilly sont des lieux bien éduqués, où l'on sent poindre la douceur légendaire du cours moyen.

Lorsqu'on arrive à Gien par le train, on peut voir une grande pancarte : « Entreprise funéraire. A. Patard ». Nous voilà prévenus : *carpe diem*. Avant que l'entreprise en question ne vienne pas tard s'occuper de nous, nous aurons eu le temps de prendre un verre consolateur sur la place de Pouilly. On me contestera que Pouilly, situé sur la rive droite, est hors de ma juridiction. Eh bien j'annexe Pouilly, car on y produit un des plus charmants vins de Loire qui soient. Et si l'on me chasse nonobstant de ce paradis, j'irai, en toute légitimité cette fois, sur la rive gauche à quelques encablures, où je méditerai à l'abri d'un parasol sancerrois sur la brièveté de la vie et l'absurdité des découpages bureaucratiques, tout en dégustant un millésime juvénile dans un verre perlé de buée, et en contemplant du haut de ma colline les vignes interdites, de l'autre côté du fleuve.

Les vins ! Écoutez ce chapelet qui rendrait pieux le dernier des mécréants : chateaumeillant, menetou-salon, sancerre, quincy, reuilly, valençay, mesland, cheverny, azay-le-rideau, montlouis, vouvray, bourgueil, saint-nicolas, chinon, saumur, champigny, jasnières, layon, savennières, quart-de-chaumes, coulée de serrant, gros-plant, muscadet ! Vous me le réciterez à genoux en remerciant

qui vous voudrez, afin de conjurer les soifs à venir. On l'a dit, la Loire est un fleuve de sable autant que d'eau. Mais c'est aussi un fleuve de vent, et un fleuve de vins. Mon Bordeaux natal me pardonnera si je professe un amour définitif – mais non exclusif – pour ces vins camarades, ces flacons qu'on ouvre sans cérémonie, au débotté, lorsqu'un ami débarque avec la langue sèche et les oreilles qui fanent. Vins complices, amicaux, ils peuvent aussi, par le talent et le travail de certains vignerons, rivaliser avec les plus grands. Bien des dégustations à l'aveugle ont vu des vouvrays ou des quart-de-chaume supplanter des sauternes, et j'ai observé plus d'un sectateur des médocs ouvrir des quinquets ébahis en goûtant un cabernet franc de vingt ans d'âge, charpenté et complexe, venu de Restigné ou de Bourgueil.
Le décor est planté : c'est la Loire en gris, bleu et or, presque aussi belle qu'une toile d'Olivier Debré. De temps à autre, nous nous en éloignerons pour visiter ses terres vassales de Berry, de Brenne, de Beauce, de Sologne, de Sarthe ou de Mayenne ; mais ce sera sans la quitter jamais vraiment, car son esprit irrigue le plus vaste bassin de France. Jadis, quand elle était encore une voie commerciale prépondérante, elle constituait avec ses grands affluents l'artère vitale de toutes ces régions, apportant à pleines gabarres et à futreaux bondés l'indispensable comme le superflu, permettant les échanges de biens, de personnes, d'idées, sans oublier les

recettes de cuisine. Cette vaste contrée, sans caractère fort, offrant à l'homme l'attrait d'une nature conciliante, vivifiée par un tel réseau de communication, a de tous temps été une terre de mélanges et d'échanges, une terre d'élection pour les « fainéants sublimes » admirés par Balzac. De multiples peuplades y ont cohabité, et tous les braves gens qui aujourd'hui invoquent la pureté de leurs origines gauloises devraient savoir qu'ils sont en fait des métis de Carnutes et de Bituriges, des bâtards de Sedons et d'Éduens, voire d'autres tribus plus ou moins barbares et assez peu reluisantes ; et la Loire est le grand artisan de ce méli-mélo. C'est sa douceur, sa nonchalance, sa façon bien à elle de rendre la terre habitable, sa facilité à créer des liens qui ont fait d'elle une ligne d'attraction magnétique pour tous les bipèdes d'Europe. Grâces lui en soient rendues. Flaubert célébrait sur ces rives la fusion réussie de nuances opposées, Nord et Sud, soleil et brumes, donnant naissance à une « originalité distincte, [...] fine, intime, qui n'est ni prose ni poésie et qui s'exprimerait, je crois, d'un seul mot [...] : celui de prose chantée ». Gustave, ta prose chantée plaît à mon oreille. Contrairement à ce que proclament quotidiennement les météorologues, la Loire ne sépare pas deux France : elle les réunit au contraire, elle les soude, elle les marie, maintenant avec fermeté dans la griffe de ses affluents le cœur battant du territoire. En 1820, c'est-à-dire hier, on pouvait aller d'Orléans à Nantes en cinq jours par voie d'eau : un voyage à la fois plus rapide, plus sûr et moins cher que la route. Fourmillante de sapinières, de bateaux-lavoirs, de moulins flottants, de vaisseaux marchands, de bateaux viviers qui faisaient office de marchés aux poissons, elle permettait le commerce du charbon et du vin et de cent autres produits. Trente-deux mille bateaux ont quitté Roanne entre 1837 et 1851. Quinze cents bateaux faisaient escale à Orléans chaque année, ainsi que quatre mille trains de bois et radeaux. La circulation des hommes culmina avec l'arrivée des « insubmersibles », embarcations rapides et à très faible tirant d'eau, qui firent la joie des voyageurs et des premiers touristes fluviaux. Peu de temps après, ce fut la fin brutale d'un monde ; l'installation du chemin de fer condamna la Loire à prendre sa retraite dans la fleur de l'âge, et à devenir, selon un manuel scolaire encore en vigueur, « le plus long et le plus inutile des fleuves de France ». Ah, belles certitudes de nos agrégés de géographie et de nos inspecteurs d'académie ! Je leur souhaite à tous d'être un jour aussi inutiles que la Loire.

Il en avait fallu, de l'énergie et du temps, pour la convaincre de travailler un peu. J'évoquais tout à l'heure ses humeurs changeantes ; mais si vous l'aviez connue voici dix ou douze siècles ! Avant l'an mil, elle divaguait dans son immense lit large parfois de plus de dix kilomètres, créant au gré des crues et des étiages une cartographie chaque fois inédite, modifiant le paysage de façon brutale et imprévisible, élevant ou submergeant des îles, gambadant d'un coteau à l'autre avec une insouciance de chiot. Les hommes, craintifs mais intéressés par la richesse du terrain alluvionnaire, n'ont eu de cesse de la domestiquer. De nombreuses traces de leurs efforts subsistent : quais, levées, digues, épis bien visibles dans le lit mineur en aval d'Angers, destinés à former un chenal permanent – sans parler des trop fameux barrages. Tous ces apports de l'industrie humaine ont eu pour effet paradoxal de rendre la Loire plus fragile et plus dangereuse. Le vaste lit majeur qui autrefois jouait le rôle d'éponge lors des crues est désormais coupé du fleuve. Ainsi, plus on a cherché à canaliser le flux de l'eau, plus on a rendu catastrophiques ses débordements. C'est une constante dans l'histoire des relations que les hommes entretiennent, sur la planète, avec leurs fleuves : s'ils les contraignent excessivement, ils subissent en retour des mouvements de colère rares mais terribles – les riverains du Mississippi peuvent en témoigner. Il y aurait beaucoup à dire sur le sujet. Nous y reviendrons sans doute au cours de notre promenade dans le Val de Loire, cette « France par excellence » selon Élisée Reclus. Mais il est temps de chausser nos bottes et d'aller visiter quelques recoins peu fréquentés de notre empire – qui recouvre, rappelons-le, la région Centre au triste nom et la région Pays-de-la-Loire, au nom légèrement vantard : comme si la Loire prenait sa source à Montsoreau !

Berry, le pays du dormir

Puisqu'il est question de botte, entrons dans notre territoire du côté de Nevers. La frontière est à quelques kilomètres à l'ouest. Traversons-la vers Fourchambault, un peu au sud de La Charité, à soixante kilomètres à l'est de Bourges. Nous allons quitter la Loire un moment : elle file encore vers le nord, le Pays Fort, le Sancerrois et la Sologne, avant d'infléchir son cours à Briare vers l'ouest. Nous avons devant nous la Champagne berrichonne, et plus au sud le Boischaut et la Brenne. Aucune de ces unités régionales, bien entendu, n'a été respectée par le charcutage départemental. L'administrateur a cherché à organiser le territoire de façon rationnelle, en prenant pour repères les grands centres urbains, au mépris des identités culturelles locales constituées au fil des siècles – et toujours bien vivantes. (Le seul point sur lequel on ne peut que l'approuver, c'est d'avoir donné à l'Indre-et-Loire la forme d'une feuille de vigne.) L'ancienne province du Berry se situe, grosso modo, à cheval sur les départements de l'Indre et du Cher. C'est la campagne absolue, parsemée de villages de rêve : Gargilesse, Fresselines, Saint-Benoît-du-Sault, Mouet, Seillant, Palluau, Crozant… *Un désert enchanté*, disait George Sand. Le Pays Fort, cher à Alain-Fournier, offre autour d'Aubigny-sur-Nère un paysage de forêts et de bocages particulièrement fort en chlorophylle, et il existe par ici certaines foires remarquables par leur rusticité inentamée. Celle de Rosnay, annuelle, est la plus célèbre et sans doute la plus importante : quarante mille visiteurs, je crois, y viennent respirer les effluves du crottin et de la bouse. De même, une fameuse foire aux potirons, non loin de Neuvy-Saint-Sépulchre – où se tient aussi la fête des Croqueurs de pommes –, attire son comptant d'étrangers.

Cependant j'en connais une autre, qui ne figure dans aucun guide, et mérite le détour : c'est la « foire à tout » des Hérolles, non loin du Blanc. On y vient de très loin. Mais ici, foin de ces mélanges que favorisent les grands rassemblements réinventés par le tourisme, les marchés « traditionnels » transformés en pièges à gogos, les kermesses sponsorisées par les syndicats d'initiative à l'intention de citadins asthmatiques en mal de salades biologiques. Aux Hérolles, on reste dans la ruralité brute. Des milliers, peut-être des dizaines de milliers de personnes viennent le 29 de chaque mois visiter ce hameau – à peine dix maisons, ni mairie ni église – qui prend soudain la taille d'une capitale. On soupèse, on marche sur des kilomètres entre les étals, sans avoir l'air d'y toucher. Toujours garder le visage un peu fermé, soupçonneux, l'expression de celui à qui on ne la fait pas ; on ne s'arrête pas au premier passage, destiné à évaluer, jauger, faire les comptes. On est arrivé tôt le matin ; à l'heure du casse-croûte, on se requinquera en mangeant une andouillette grillée disposée dans un morceau de pain et recouverte d'échalotes blondies, qu'un verre de gamay ou de sauvignon fera glisser : le déjeuner est encore loin. Une fois le ventre réconforté, on plonge de nouveau dans le flot compact des acheteurs, et on se laisse porter. Poulets, veaux, moutons, chèvres ; vêtements, sous-vêtements, saucissons, fruits, légumes, bottes, outils, chaussures, matériel de pêche ou d'agriculture, pain, miel, instruments de cuisine ou de jardinage, graines, bulbes, oignons, fromages, poisson séché, meubles, matelas, tissus : on vient ici pour remplir Frigidaires et placards, parce qu'on n'aime guère les supermarchés du Blanc, de la Trémouille ou la Roche-Posay, ces magasins dont les portes se referment derrière vous comme des souricières. On préfère marcher à l'air libre, dans la fumée odorante et grasse des braseros, la casquette bien vissée sur le crâne et, *cré vingt dieux*, on fera de bonnes affaires, mais à pas comptés, après réflexion mûre et force tours autour du pot. L'ampleur de ce bazar est ahurissante. Les marchés de Kashdan et d'Ispahan vous prennent, en comparaison, des allures de Codec dégarnis. Tout à l'heure, chacun regagnera sa ferme ou sa maison de Chalais, Saint-Hilaire, Saint-Michel-en-Brenne, Concremiers ou Mauvières, les bras chargés d'indispensable. On aura rencontré le voisin, la cousine, l'oncle et la tante du Jeannot qu'a marié une fille de Châteauroux. Si on a eu la bonne idée, le matin en passant ou la veille par téléphone, de réserver un couvert au café des Sports de Bélâbre, on aura droit à une portion de tête de veau, plat unique servi sur les tables communes, place de l'église (et, franchement, je vous conseille de ne pas passer à côté de cette merveille). Sinon, on pourra toujours tenter le Cendrille, à Rosnay, pour y déguster de la carpe et du sandre complimentés par un de ces pinots noirs du Loir-et-Cher qui ne donnent pas envie d'être raisonnable. Ou, plus sûrement, on rentrera chez soi, on entamera avec précaution les provisions accumulées le matin, en pensant à ce qu'on achètera le 29 du mois prochain.

Le grand-père d'un de mes amis, paysan d'en par ici, a dû venir aux Hérolles frotter sa casquette à celles de ses collègues, car l'existence de la foire à tout est attestée depuis la nuit des temps, sinon davantage. Il faisait partie de ces gens âpres au gain et durs à la tâche, capables de haler la charrue à l'épaule quand ils étaient trop pauvres pour posséder un bœuf. Il traitait un de ses voisins de fainéant pour n'avoir pas su tirer parti d'un petit bout de

lande : « Bougre de paresseux ! Il y mettait deux-trois vaches, et sa femme à les garder, ça lui faisait un revenu ! » On comprend pourquoi lui-même était resté célibataire. Sur son lit de mort, il eut cette belle parole : « Ah, je vais bien me regretter ! »
Mais le Berry, ce n'est pas seulement la glèbe lourde, la prairie grasse, la haie touffue, les étangs noirs. On y rencontre aussi, Dieu merci, quelques rivières. Ce qui console de s'éloigner de la Loire, c'est de se rapprocher de la Creuse, du Cher, de l'Arnon, de la Claise ou de l'Anglin. (À propos de ce dernier, j'annexerais volontiers, tant que j'y suis, le magnifique village d'Angles-sur-l'Anglin, situé juste de l'autre côté de la frontière qui nous sépare du Poitou. Je vous y connais un coin à ablettes et à goujons particulièrement charmant et poissonneux ; mais ce serait abuser, je le sais.) Allons donc plutôt à Gargilesse-Dampierre. Nous descendrons à l'hôtel des Artistes, où l'on pourra profiter du lit à baldaquin où dormit la dame de Nohant avant de trouver un logis à la mesure de ses rêves modestes. Gargilesse, c'est le nom d'une petite rivière qui se jette dans la Creuse un peu en contrebas, en aval du barrage d'Éguzon et du lac de Chambon. J'ai connu ce village grâce à un éditeur, Christian Pirot, passionné du Berry et de George Sand, qui a réédité *Promenades autour d'un village* (il a aussi fait le pari un peu fou de publier intégralement la monumentale *Histoire de ma vie*, le chef-d'œuvre de Sand, dans le format originel, chaque tome étant préfacé par un des

nombreux spécialistes de cet auteur – il y en a dans le monde entier, y compris au Japon). L'hôtel des Artistes est un établissement délicieux, tenu par l'accorte Georgette. On peut y séjourner quelques jours dans une ambiance familiale afin de profiter du charme discret d'un des *plus beaux villages de France* (comme Angles, d'ailleurs – sans vouloir vexer personne, j'ai le sentiment que ce label a été généreusement distribué). « Les maisons se groupent autour de l'église, plantée sur le rocher central, et s'en vont en pente, par des ruelles étroites, jusque vers le lit d'un petit torrent... » George Sand séjournait parfois dans sa petite maison (elle se visite ; on peut y admirer certains dessins de son fils Maurice, qui n'était pas manchot et qui a illustré de façon particulièrement intelligente l'œuvre de Rabelais. Il faut voir également, à Nohant, son prodigieux théâtre de marionnettes), et depuis, le village a conservé l'habitude d'accueillir nombre de peintres, d'écrivains et de musiciens. Avec un peu de chance, on pourra même assister au festival de harpe créé par Pierre Jamet, ce qui est tout de même plus original qu'un rassemblement de binious à Guémené-Penfao. Il me revient d'ailleurs à l'esprit, à propos de binious, que George Sand a célébré les Maîtres sonneurs dans un roman situé à Saint Chartier ; et que depuis quelques années, un festival de cornemuse y connaît un vif succès !
J'ai rencontré à Gargilesse un personnage étrange, un enfant du pays qui rénovait depuis des années

un château en ruines, non loin de là. Cet homme de petite taille, fils d'une famille très pauvre, enrichi dans le commerce, était habité d'un désir formidable de revanche sociale, qui se traduisait par la production de sculptures gigantesques. Il les exposait à la vue de tous les villageois sur son piton rocheux. J'ai dîné dans la salle de garde de son château, sur une table grande comme un appartement. Les assiettes avaient la taille de bassines, les verres auraient pu servir de vases. La vie ne nous offre pas tous les jours l'occasion de séjourner dans un conte. Des contes, des légendes, des histoires de sorciers et de *meneux d'loups*, le Berry, *pays du dormir* selon Rabelais, centre brumeux de la France, en a produit plus qu'aucune autre région. Le dernier loup y a été vu en 1967, entre Royères et Chavanat ; un autre y avait été photographié en 1962 par un chercheur du Muséum. Voilà qui entretient les terreurs ataviques. Le souvenir reste vivace de la bête qui en 1878 avait mordu sept personnes au Tendu, dont trois moururent de la rage. Rollinat, le poète vénéré des Berrichons, évoque cet épisode : « En songeant aux martyrs de la rage/Qu'on étouffe entre deux matelas »... Soit dit en passant, j'aimerais avoir un aussi bel éloge funèbre que le sien : le jour où un cortège nombreux conduisit le poète au cimetière, à un étranger qui demandait quel grand personnage on mettait en terre, un autochtone répondit : « Un fameux pêcheur à la ligne ! » Je m'étonne que le Berry, cette terre de songes, n'ait pas produit davantage d'écrivains : Maurice Rollinat, Henry de Monfreid, Alain-Fournier, la trop oubliée Marguerite Audoux et la grande George Sand, le palmarès est pauvre, comparé à celui de la Touraine voisine.

Je crois bien que les lavandières continuent d'aller aux étangs, la nuit, laver les âmes des défunts. J'ai entendu leur chant triste un soir où j'avais perdu mon chemin dans ces forêts grêlées de mares sombres, de celles que l'on recommande de ne pas approcher sans jeter trois pierres dedans, de la main gauche, en faisant le signe de la croix de la droite.

J'ai le souvenir aussi d'une aube magique à Chérine, en Brenne, dans les roselières de l'étang de Montmélier : j'y ai observé pour la première fois un butor étoilé – son chant de trompe comme d'une péniche –, et des rousserolles, fauvettes, busards des roseaux, guifettes, hérons pourprés comme s'il en pleuvait, ainsi que la merveille orange et bleu d'un martin-pêcheur cisaillant un drap de brouillard…

J'étais à Chérine avec mon frère, atteint dès son jeune âge de fièvre ornithologique. Mais ce n'est pas son seul défaut : il eut aussi, pendant des années, l'idiote manie de parcourir à pied, de nuit et en février, le chemin plutôt long qui conduit de Bourges à Sancerre. Il n'était pas seul, remarquez. Des centaines de fanatiques marcheurs participent chaque année à cette procession nocturne. Soixante kilomètres dans le vent glacial, par les chemins creux qu'une lune aigre éclaire chichement, avec pour seul

réconfort le verre de vin chaud que, de loin en loin, une main secourable vous tend. On arrive à Sancerre la moustache blanche de givre, les jambes d'une raideur précadavérique, et pourtant dans un état d'euphorie bizarre qui vous pousse en général à promettre que vous reviendrez l'année suivante.
Pour ma part, je préfère fréquenter Bourges en des circonstances plus calmes, et boire le sancerre plutôt frais que chaud, sans cannelle ni clous de girofle. C'est un ami écrivain, Jean-Christophe Rufin, qui m'a fait découvrir cette ville où, dans la maison familiale qu'il occupait, il était en train d'écrire quelque roman d'aventures lointaines. Je n'étais venu ici qu'à l'occasion du fameux Printemps – rendez-vous annuel qu'aucun amoureux de la chanson vivante ne saurait ignorer. Il faut bien la sonorisation vigoureuse du Printemps pour réveiller cette ville légèrement assoupie au bord des marais de l'Yèvre et des jardins des Prés-Fichaux. Plus que la ville elle-même, qui ne manque pas de beauté, j'aime ces alentours humides, cette Venise glauque d'où l'on voit émerger les puissantes flèches de la cathédrale. Je ne parlerai pas de ce monument, suffisamment décrit dans les guides, je suppose. Je ferai simplement remarquer qu'elle est injustement effacée par la cathédrale de Chartres. Avec celle de Reims, la cathédrale de Bourges est à mon sens le plus beau témoignage du génie gothique. Les sculptures du Jugement dernier, au portail, sont sublimes, et les

vitraux inégalés ; il y a là une grâce, une délicatesse qui, alliées à la puissance presque sauvage du monument, forment un ensemble sans équivalent. L'horloge astronomique, plus ancienne que celle de Beauvais, a fait l'objet d'une restauration à laquelle ont participé EDF et l'Aérospatiale, quatre maîtres horlogers et une entreprise de mécanique de précision, afin de donner au système une exactitude correspondant aux critères actuels, tout cela pour aboutir à ce constat plutôt réjouissant : la précision des calculs du concepteur originel, le chanoine Jean Fusoris, était telle, que c'est une copie rigoureusement conforme qui pour finir a été réalisée !
Quant à Jacques Cœur, dont la maison vaut à elle seule un large détour, ce paroissien hors du commun a déjà suscité une littérature si abondante que je ne me sens pas d'en rajouter. Le menetou-salon est dit « vin de Jacques Cœur », ce qui prouve au moins que le bonhomme, ambitieux, bagarreur, âpre au gain, n'avait pas que des défauts.
Il nous faut quitter le Berry ; que ce soit sur l'image de ses forêts innombrables et superbes. Forêts de Vierzon, de Saint-Laurent, de Châteauroux, d'Azay-le-Ferron, de Gâtine, de Chœurs-Bommiers, de Saint-Palais, d'Allogny, d'Ivoy, sans oublier la magnifique forêt de Lancosme, riches en cervidés de toutes sortes, en genettes et en martres, en pics noirs, milans, autours, circaètes, en chênes et hêtres centenaires ; riches aussi de mille plantes et fleurs au nom compliqué qui leur donnent leur

couleur et leur grâce, parcourues de chemins creux où les sorciers circulent la nuit accompagnés de leurs victimes transformées en loups, marquées de carrefours dangereux comme celui de Cognecul, près de Menetou, qu'on ne peut traverser la nuit sans tomber sur les fesses. Le fameux « centre de la France » est bien ici, nourri d'un humus séculaire, du côté de Saulzais-le-Potier ou Vesdun, puisque les deux villages se disputent ce douteux titre de gloire. (Ils pourraient bien être départagés, d'ailleurs, par le bourg de Chazemais, dans l'Allier – c'est-à-dire hors de la région Centre ! –, où l'on prétend qu'il faut, pour effectuer un calcul sérieux, tenir compte de l'existence de la Corse, cette île chère à nos cœurs et à nos portefeuilles. Mais n'allons pas risquer d'aviver des tensions qui déjà ont gâché les vacances de plus d'un ministre, et poursuivons plutôt notre promenade.)

Un vertige horizontal

J'aime beaucoup le Berry, mais il y fait soif. Hormis le châteaumeillant, à réserver pour les cas d'urgence et les grandes chaleurs, et à la très belle mais restreinte exception de Menetou, il n'offre de vignobles fréquentables – faut-il s'en étonner ? – qu'à proximité de la Loire. Retrouvons donc le fleuve là où nous l'avons laissé, à l'est de Bourges, et laissons-nous porter par son cours placide, qui commence à s'infléchir dans une large boucle vers l'ouest. À notre droite, Pouilly (je ne répéterai pas à chaque fois : « sur Loire » ; en effet, toutes les villes ou villages, voire les hameaux que nous traverserons s'enorgueillissent de cet appendice patronymique, comme certains fanfarons n'omettent jamais d'écrire après leur nom : « de l'Académie française »). Nous négligerons Pouilly et la rive droite, puisque décidément nous n'y avons pas accès ; mais rien ne nous empêche de faire halte au beau milieu du lit mineur, où sur un long tronçon

entre La Charité et Tracy a été créée une réserve naturelle que nous visiterons avant d'arriver à Sancerre pour une collation bien méritée.
L'endroit a été judicieusement choisi, à 496 kilomètres de la source et autant de l'estuaire. Le conservateur de la réserve naturelle du Val de Loire a un jour laissé son téléphone portable tomber à l'eau lors d'une expédition en barque. Ainsi, des messages lancés d'un peu partout atterrissent au fond de la Loire pour y demeurer à jamais, comme des papyrus dans quelque antique mastaba enfoui sous les sables, et ma voix continue d'annoncer ma venue quelque part dans le sable de Pouilly, au seul usage des silures. Je l'avais appelé depuis une cabine d'Imphy, où un panneau triomphal informe le voyageur : « Imphy, capitale des alliages et des aciers inoxydables, vous accueille ». Programme d'autant plus enthousiasmant que la banlieue de ce bourg s'appelle La Turlurette – non loin de Saint-Léger-des-Vignes, un lieu dont le seul nom incite à la retraite anticipée.
La réserve s'étend sur deux cents kilomètres, et a pour mission de « préserver les multiples expressions de la dynamique fluviale » (il n'y a pas de quoi rire), particulièrement bien représentées ici. Les milieux naturels variés, façonnés par le temps, abritent une faune et une flore remarquables – mais également rares, menacées et désormais protégées. Quatre cent soixante-dix-sept espèces végétales répertoriées, représentant dix pour cent de la flore

française ; plus de cent quatre-vingt-dix espèces d'oiseaux (êtes-vous capable d'en citer trente ?) qui vivent et pour beaucoup se reproduisent ici ; trente espèces de mammifères, une vingtaine de reptiles, grenouilles et tritons, une trentaine de poissons (citez-en dix), des centaines d'insectes. Le rôle de Nicolas et de ses adjoints est de surveiller cette formidable richesse, de guider les visiteurs, d'informer, de prévenir, de protéger les zones sensibles. Nous sommes dans la première réserve fluviale de France, et l'on mesure ici à la fois la volonté de préserver un trésor naturel qui est le bien de tous, et les dégâts phénoménaux que l'inconscience et l'irresponsabilité collectives ont causé au cours de ce siècle. Savoir que des castors et des loutres recommencent à peupler nos rives est certes émouvant, et il suffit d'entendre le jeune conservateur en parler pour comprendre la précieuse part de rêve qui s'attache à cette présence : la loutre, il la suit à la trace, il ne l'a jamais vue mais elle habite ses songes, elle symbolise ses espoirs d'un monde moins dur et stupide. Il observe chaque jour les bécassines et les chevaliers gambette, s'énerve après les chiens qui jouent avec les poussins de gravelots, s'émerveille de la migration des plantes favorisée par le cours d'eau : il fait sur les bancs de sable ses récoltes de tomates, de potirons et d'autres espèces incongrues… Mais la grande affaire, c'est l'hydraulique. Le lit de la Loire, en cinquante ans, a baissé de façon dramatique. On est désormais très en dessous des étiages anciens : un mètre cinquante en moins à Pouilly et à Orléans, deux mètres à Tours et à Angers, trois mètres à Ancenis ! Le dernier fleuve sauvage d'Europe est aussi le plus atteint par les égarements de l'activité humaine.

La première cause est sans doute la ponction continue et irréfléchie de sable et de graviers pour les besoins de la construction. Cette ponction, progressivement réglementée, n'en reste pas moins préoccupante. Elle a été multipliée par douze depuis 1960 : douze millions de tonnes prélevées annuellement, alors que l'apport naturel de sable venant de l'amont n'est que de 0,5 million. Conséquence : le niveau baisse, la végétation gagne partout sur les zones asséchées (bras secondaires, bras morts, marais, *boires*, qui ne sont plus alimentés en eau), les frayères disparaissent, les fondations des ponts sont fragilisées – témoin la spectaculaire chute du pont Wilson à Tours en 1978.

Mais d'autres facteurs contribuent à donner le spectacle pathétique de la Loire en été, tirant sa langue de sable comme un oued assoiffé. L'agriculture, d'abord. On continue d'autoriser des cultures hautement polluantes comme celle du maïs, qui demande deux mille millimètres d'eau par an, dans des régions où il n'en tombe que sept cents. La ponction d'eau par l'agriculture représente plus de la moitié de la consommation totale du pays.

Et puis, parlons de cet incroyable *hold-up* qui a lieu en amont, à Issarlès, non loin de la source. Afin d'alimenter une centrale située sur le versant méditerranéen, à Montpezat, et de mettre ainsi à profit un dénivelé de six cents mètres, deux cent trente millions de mètres cubes d'eau sont volés chaque année à la Loire et déversés dans le bassin du Rhône. Dites-moi, que fait la police ?

Voilà pourquoi votre fille est sèche. Ajoutez enfin à cela les centrales nucléaires. Lorsque vous contemplez ces panaches étincelants dans le ciel d'Avoine ou de Saint-Laurent, vous remerciez la technologie qui procure une énergie propre à votre lave-vaisselle et à votre télévision. Certes, les nuages en question ne sont pas, pour l'instant, radioactifs. Mais n'oubliez pas que c'est de la bonne eau de Loire qui s'en va ainsi en fumée : 5 500 tonnes d'eau à l'heure…

Il y a moins de cinquante ans, son eau n'était pas seulement plus abondante : elle était transparente. L'eutrophisation en a fait un potage trouble, grâce aux nitrates généreusement déversés par nos amis agriculteurs, avec l'aide et la bénédiction de Bruxelles. Mais après tout, nous sommes allés si loin dans la destruction de notre environnement, que la situation désormais ne peut que s'arranger. Peut-être suffirait-il que nos énarques et nos élus relisent un peu Platon : « L'eau est la chose la plus nécessaire à l'entretien de la vie, mais il est aisé de la corrompre. Car pour la terre, le soleil, les vents, ils ne sont point sujets à être empoisonnés, ni détournés, ni dérobés, tandis

que tout cela peut arriver à l'eau, qui pour cette raison a besoin que la loi vienne à son secours... »
En suivant le cours du fleuve, nous rencontrerions ces villes douces et cossues, Châteauneuf ou Jargeau avec leurs halles façon Baltard, et tant d'autres, légères et gaies, affichant cette opulence désuète et cette harmonie policée qui caractérisent la Loire moyenne. Mais puisque je vous l'ai promis, arrêtons-nous plutôt un moment sur la place de Sancerre, à quelques brasses en aval. Je sens que vous avez besoin d'un petit remontant. Cette étape ne sera pas superflue, car il nous faudra ensuite de nouveau quitter la Loire, pour faire un saut vers le nord et la Sologne.
Je n'ai jamais fait halte à Sancerre qu'en des circonstances heureuses, et en bonne compagnie. Ah, ces collines bien rondes et peignées de vignobles, pleines de promesses ! Elles dominent la Loire sans l'écraser, elles la caressent, la ponctuent. Ici, le temps s'arrête, comme souvent dans cette vallée, pour une parenthèse de quelques gorgées fraîches, à l'ombre de la tour des Fiefs ou dans une salle de bistrot. On a posé devant vous le verre ruisselant de buée et l'assiette contenant un ou deux crottins de Chavignol, ou une pyramide de Valençay. On dit que ces pyramides, pointues à l'origine, ont été tronquées après que Napoléon, suite à sa prouesse d'Égypte, eut ordonné qu'on décapitât ce fromage insolent. Et pourquoi ne pas narguer les amateurs de fron-

tières en buvant ici un pouilly plutôt qu'un sancerre ? Certes, la solidité du couple chavignol-sancerre, ratifiée par les appellations contrôlées, n'est plus à démontrer. C'est une entente parfaite, un conjungo sans dispute ni lassitude. Mais le chasselas du pouilly, tendre et glissant, peut fort bien faire office d'amant de passage, sans pour autant détrôner l'inimitable sauvignon et ses élégances.

Nous voilà requinqués. Puisqu'à partir de Gien et Briare la rive droite nous appartient aussi, profitons-en pour faire un tour en Beauce. Désireux de connaître un peu mieux cette région souvent décriée, j'ai décidé un jour d'emprunter les petites routes, et de m'arrêter dans un pré pour y piqueniquer. Je vous vois sourire. En effet, je n'ai pas trouvé de pré. Sans parler de pré, je n'ai pas trouvé non plus le moindre coin d'herbe où poser mon derrière, chaque centimètre carré étant sommé de restituer en blé l'engrais qui lui a été prêté. Dans cette immense plaine de calcaire recouverte de limons fertiles, préservée de l'érosion par sa situation légèrement déprimée (je n'ai pas dit déprimante), seuls les pylônes et les clochers poussent en hauteur. Les arbres qui auraient l'effronterie de prétendre s'y faire une place sont immédiatement ramenés à la dure loi du rendement : on ne doit pas faire de l'ombre aux céréales (97 % de la surface est labourée, ce qui laisse juste la place pour quelques fermes aussi riantes que des tombes). « C'est la pampa française, l'antichambre de l'Infini, le royaume du blé, des courants d'air et des illusions», écrit Bertrand Visage. Et il en sait quelque chose, lui qui a passé son enfance sur ce drap lisse et pâle étendu à perte de vue comme le linceul du monde. Seules aspérités sur le disque formé à 360 degrés par l'horizon : les clochers qui semblent indiquer l'existence, çà et là, d'une forme de vie – mais on ne peut être sûr de rien. Il est peu probable que les titanesques et rutilantes machines que l'on voit tracer leurs sillons sans fin soient habitées par des êtres doués de sentiment. Elles sont plus vraisemblablement pilotées à distance par des hommes d'affaires installés dans des bureaux climatisés où des diodes affichent en permanence les fluctuations du cours du blé.

Chartres, me direz-vous. Bien sûr, Chartres. Mais tout a été écrit et dit sur Chartres, n'est-ce pas ?

Illiers-Combray, d'accord. Mais cela, ce n'est pas un lieu, c'est un souvenir. Et puis nous sommes ici à la limite du Perche, région montueuse et charmante qui est un antidote à la Beauce voisine (ne dit-on pas : « il faut avoir ses revenus en Beauce, et les dépenser dans le Perche » ?), mais dont le Centre ne possède qu'une infime partie. Quittons donc ces contrées où l'âme se sent à sec, et cherchons au sud un peu d'humidité.

En Sologne, par exemple, qui se pose un peu là, question humidité. L'étrange pays solognot, jadis comme la Brenne pays de ventres jaunes,

c'est-à-dire de misère et de malaria, enserré dans la vaste boucle que forme la Loire de Sully à Blois, connaît une nouvelle vie.
La Brenne, pays des mille étangs ; la Sologne, pays des trois mille étangs. En principe, l'affaire est réglée, et le match n'exigera pas de prolongations. Sauf si l'on prend en compte les kilomètres de fil barbelés et de clôtures : la Sologne, là encore, domine largement ; mais c'est une victoire à qui perd gagne. Autrefois région de marécages et de landes insalubres, de sortilèges et de pénombre, peuplée de miséreux, de bergers et de bûcherons, la Sologne a changé de genre. Les vieilles fermes en briques ont été retapées par les nouveaux riches venus de la capitale ; les étangs sont empoissonnés pour le plaisir de châtelains *new look* ; les landes désolées transformées en chasses gardées – de celles où les magnats de l'aviation tirent la biche à bord de 4x4 équipés comme des chars Leclerc ; les faisans élevés en batterie y sont lâchés, hagards, sous la mire de chasseurs habillés Barbour. Les parvenus, comme les cailles et les mulets, ont tendance à migrer par bandes. Chacun, dans son enclos sévèrement gardé, mène la grande vie. Être passé de *Germinal* à *Dallas* en quelques décennies n'est pas un mince exploit de la civilisation solognote. Là encore, tout n'est qu'ordre et beauté, luxe, calme ; pour la volupté, je vous l'ai déjà dit, allez donc faire un tour sur les berges de notre fleuve, où vous ne risquerez pas de vous retrouver avec un

canon posé sur la tempe pour avoir ramassé une girolle au mépris des saintes lois de la propriété. De tout temps, la Sologne a constitué pour les riches un réservoir de main-d'œuvre bon marché. Les clairières fertiles et les forêts n'ont jamais appartenu aux Solognots, mais aux seigneurs venus d'ailleurs. Les autochtones défrichaient les taillis et les bois, asséchaient les parcelles afin de faire croître le seigle et le blé qui engraisseraient les propriétaires. Abrutis de travail et d'impôts, clairsemés dans un territoire vaste et hostile, ils ne pouvaient s'organiser ni se révolter. Le prieur de Sennely, en 1662, les décrit ainsi : « Le Solognot est de petite stature, ventru, jaune et safrané, n'ayant ni poumons ni poitrine… » Il révèle leur épouvantable condition (« ils vivent de troncs de choux et de racines ») dans l'espoir que le pouvoir royal adoucira leur sort, décrivant la Sologne, entourée de riches provinces (Champagne berrichonne, Orléanais, Touraine) comme « une méchante écharpe mitée qui serait bordée de franges d'or et d'argent ». Le temps n'arrangera guère cette situation, puisque plus près de nous l'écrivain vierzonnais Félix Piat parle d'une « oasis de stérilité », de « Sibérie française », et fait ce portrait du Solognot : « Sa poitrine est serrée, son ventre saillant. Ses muscles sont pauvres et sans énergie, ses viscères d'une ampleur démesurée. Il a presque la panse des ruminants. Il se ride de bonne heure, son teint est de safran, son œil incolore. Il n'a ni

vigueur physique, ni puissance intellectuelle. En lui la jeunesse est sans fleur, la virilité sans force et la mort sans vieillesse… »
Toujours, l'existence du Solognot a été marquée par la sempiternelle défaite dans les relations avec les riches, qu'atteste toute une poésie populaire d'inspiration libertaire et désabusée. Napoléon III a eu beau décider de relever cette « steppe malsaine », d'y installer des fermes modèles, jamais l'autochtone n'a pu réellement profiter des richesses de son pays. Les guerres et l'exode rural ont contribué à amenuiser toujours davantage la surface des terres cultivées, au bénéfice des forêts et des chasses, terrains de jeu idéaux pour les bourgeois parisiens et les propriétaires fonciers qui n'ont eu qu'à s'en emparer – d'autant plus facilement que la création du chemin de fer Paris-Orléans-Vierzon, au siècle dernier, a mis la Sologne aux portes de la capitale. Ainsi le conseil de Félix Piat a fini par être suivi, lui qui prônait, plutôt que de les envoyer en Guyane, de « condamner les Parisiens à la Sologne ».
Vous me trouvez peut-être injuste. C'est vrai, la Sologne n'est pas seulement un damier de propriétés closes, hérissées de grillages, de murs et de barrières, bardées de caméras de télésurveillance, peuplées de publicitaires bronzés aux UV et d'industriels maniaques de la gâchette. Certaines de ses beautés sont encore accessibles sans invitation sur bristol. J'en reviens, à vrai dire, et encore une fois j'ai été conquis par cette ambiance crépusculaire, par

cette lumière liquide, ce silence d'ouate (la chasse n'était pas ouverte). Mais j'ai aussi eu, comme à chaque visite, le sentiment d'une beauté confisquée comme nulle part par une caste hautaine et prétentieuse. Savez-vous qu'on pratique toujours ici la chasse à courre, et que le petit peuple, comme au bon temps de Notre Altesse, est autorisé à suivre en courant la meute de chiens ? « L'innommable courant après l'immangeable », résumait Wilde. Savez-vous qu'à Chambord, où les allées et les ronds-points publics sont aujourd'hui encore baptisés exclusivement de noms de rois et de reines, on a abattu l'an dernier, comme tous les ans, deux mille sangliers républicains pour le plaisir d'une poignée d'aristocrates et de nantis ? Tout cela vous a un charme très Ancien Régime qui peut certes séduire ; pour ma part, je préfère laisser mes pas me porter sur le sable de Loire, cette bonne fille qui appartient à tout le monde.

Le cours royal

« Cette bonne fille qui appartient à tout le monde », du moins pour l'instant. En effet, la tendance universelle à la privatisation peut aussi frapper les cours d'eau. Déjà certaines rivières, telles la Claise ou l'Indre, par survivance de privilèges archaïques, sont sous régime de droit privé. Les propriétaires des rives n'y sont pas tenus, comme ailleurs, de laisser une possibilité d'accès et de passage tout au long de la rivière. L'eau reste un bien public, mais le sol est privé, chaque parcelle se prolongeant jusqu'au milieu du lit. Ainsi, à moins de marcher sur les eaux, ce qui n'est donné qu'à quelques excentriques, on ne peut accéder à certaines rivières de France, confisquées à la collectivité pour le profit de quelques-uns.

Il ne s'agit là, me direz-vous, que d'exceptions héritées du passé, et rien n'indique que la majorité des cours d'eau actuellement accessibles à tous puisse un jour se voir soumettre à un régime comparable.

Détrompez-vous. Depuis quelques années, sous l'impulsion de sociétés de pêche et sous prétexte de réintroduire durablement le saumon dans la Loire, d'où il a été chassé par les barrages non équipés d'échelles de remontée et par la pollution, l'idée d'une privatisation partielle se fait jour. Il s'agit ni plus ni moins de prendre modèle sur ce qui se pratique dans de nombreux pays, et de concéder à des sociétés privées l'exploitation de certains tronçons. La pêche aux salmonidés y serait organisée selon les principes du tourisme de luxe, comme c'est parfois le cas en Irlande ou en Écosse. J'ai le souvenir d'une promenade près de la Blackwater, où certains séjours de pêche au saumon avec guide étaient facturés vingt mille francs la semaine. La pêche, activité populaire par excellence grâce à son très faible coût et à sa pratique aisée, instrument privilégié de connaissance de la nature, pédagogie efficace du respect de l'environnement, pourrait devenir si nous n'y prenons garde un sport d'élite réservé à quelques frimeurs à gourmette. Ce ne sont pas là les craintes d'un râleur travaillé par de vieux réflexes gauchistes : elles sont formulées par le président d'une des plus importantes sociétés de pêche de la Loire, rencontré *in situ*, pieds dans l'eau et canne à la main. Pendant des années, il a lutté pour obtenir le droit de passage sur les sites de l'Épala fermés au public. « Je ne veux pas devoir dire à mon fils que la rivière est pour les riches ! » Tout en me parlant, il retrouvait les gestes du gamin qu'il avait été, pêchant selon des techniques apparemment rudimentaires – au « toc », laissant simplement rouler un ver sur le fond au gré du courant, ou avec un flotteur de sa fabrication confectionné à l'aide de morceaux de stylo-bille – mais d'une efficacité redoutable, parvenant à ramener sur le sable malgré un montage très fin un énorme barbeau, toutes nageoires dehors comme les voiles d'une jonque. Apparition magnifique dans le soleil matinal de septembre : il faut dire que le Grand Designer s'est donné un mal tout particulier pour concevoir les poissons de nos rivières. Rien à voir avec le clinquant un brin vulgaire des aquariums tropicaux – si l'on excepte la perche arc-en-ciel, c'est vrai, qui allume un peu son monde avec sa robe à paillettes. Regardez le goujon simplex : ne vous a-t-il pas un air très *british*, avec son costume gris et bronze et ses fines moustaches à la major Thomson ? Et l'ablette, merveille de concision et d'épure, un haïku sur trois arêtes ? Et le chevesne, le dard, la grémille, le rotengle, ne sont-ils pas chics, tirés à quatre écailles, nageoire rouge sang en pochette ? Hors défilé, sa majesté le sandre et son excellence le brochet allient l'élégance et la force, carrossés comme des Jaguars et entièrement peints à la main. Quant au saumon, il est en vacances. Nous n'attendrons pas son retour pour nous laisser glisser vers Blois et la Touraine, après l'escapade en Sologne. Villes royales, châteaux de contes de fées, la Loire prend à partir d'ici ses allures de reine mère.

Au passage, j'aimerais vous parler d'un musée, modeste mais de grand intérêt : le musée de la Coiffe situé vers Rochecorbon, sur la rive droite. Il faut se fier à l'enseignement des objets les plus humbles. Regardez ces bouts de dentelle : ils vous en diront beaucoup sur les femmes de Touraine, qu'ils accompagnaient naguère de la naissance à la mort. Ceux d'autrefois étaient simples ; mais à la fin du dix-neuvième siècle, lorsque le phylloxéra ravagea les vignobles (Dieu m'a épargné la vue de ce spectacle affreux, et surtout la grande soif qui s'ensuivit), les femmes se reconvertirent dans la fabrication de coiffes toujours plus élaborées. Deux cents heures de travail pour un bonnet, et vingt heures pour le repasser ! Bonnets de tous les jours, bonnets de fêtes, de mariage... Ce simple objet raconte aussi bien qu'un roman la vie dans les familles, dans les villages, le rythme du temps, la conception de l'amour et de l'existence. Nous passons devant Chaumont et ses jardins. Courez les voir, si vous ne les connaissez pas : confiés à des maîtres jardiniers venus du monde entier, ils offrent chaque année un spectacle nouveau, souvent étonnant. Allez-y tôt, dès l'ouverture, afin de ne pas être pris dans la cohue ; évitez la fin de saison, où l'on sent un fâcheux relâchement dans l'entretien des lieux, et prévoyez de déjeuner au restaurant du château, tenu par un jeune chef à la cuisine insolente, charmeuse... et abordable. Nous frôlons Amboise et le Clos-Lucé, mais nous

n'aurons pas le temps de nous y arrêter. Respirons cet air, buvons cette lumière : nous voilà en Touraine.
« Oh, si vous saviez ce que c'est que la Touraine ! On y oublie tout. Je pardonne bien aux habitants d'être bêtes, ils sont si heureux ! [...] La vertu, le bonheur, la vie, c'est 600 francs de rente au bord de la Loire, écrivait Balzac. Ne me demandez pas pourquoi j'aime la Touraine. Je ne l'aime pas comme on aime un berceau, ni comme on aime une oasis dans le désert : je l'aime comme un artiste aime l'art. »
Je ne suis pas tourangeau. C'est vers les rives d'un autre fleuve que m'entraîne, certains soirs, la nostalgie de l'enfance. Mais j'ai vécu trop longtemps ici pour ne pas m'y sentir en famille, à l'instar de ces cormorans qui colonisent les îles de la Loire ; et si feu Hugon, le lutin de Tours, m'accordait un vœu, je choisirais de refaire, en compagnie de Flaubert et Du Camp, la promenade qui les mena à travers la Touraine. Je me ferais tout petit pour suivre les deux compagnons, « poitrine nue et la chemise bouffant à l'air, la cravate autour des reins, le sac à l'épaule, blancs de poussière, hâlés par le soleil, avec leurs habits déchirés, leurs chaussures usées, rapiécées, leur belle allure vagabonde, insolente et pleine d'orgueil ». Je marcherais du même pas dans cette campagne ample et bien nourrie, « riche à l'œil et bien portante », le long des îles frangées de peupliers entre lesquelles surgiraient des voiles blanches, à travers les vignes et les prairies égayées çà et là par des clochers et des châteaux. « Le vent

est tiède sans volupté, le soleil doux sans ardeur; tout le paysage enfin joli, varié dans sa monotonie, léger, gracieux, mais [...] d'une beauté qui, en un mot, a plus de bon sens que de grandeur et plus d'esprit que de poésie: c'est la France.» Il m'en aura fallu, du temps, avant de comprendre et d'aimer la Touraine et ses habitants. C'est que je quittais les Gascons vifs et flexibles pour une espèce inédite de «bons lourdauds» (comme disait Alcuin, ce rhétoricien venu d'Angleterre qui trouvait peut-être les Yorkais plus légers), adeptes réputés du moindre effort et du bien-vivre. Du temps, pour comprendre que ce que j'identifiais à de la mollesse n'était qu'une forme raffinée d'indolence: «Allez dans cette Turquie de la France, vous y resterez paresseux, oisif, heureux», conseille Balzac à un ami nerveux.

J'ai fini par apprécier cette pesanteur du temps qui passe ici plus lentement qu'ailleurs, cette rondeur générale des gens et du climat, cette absence d'aspérités et de rudesse. Ici, même la pierre est tendre; les enfants la creusent avec leurs ongles. Les hommes, d'où qu'ils soient, ressemblent aux paysages qui les ont vu naître. Dans le monde entier, une osmose se crée entre la terre et ses habitants, selon la conformation particulière des sols et des cieux. La Touraine aux vallons paisibles, aux hivers indulgents, aux couleurs pâles en camaïeu, produit des «fainéants sublimes» et des vins qui se boivent tout seuls.

Paul-Louis Courier, depuis sa tanière de Véretz, avait beau jeu d'ironiser: «Nous pratiquons le principe divin d'obéir aux puissances ; mais avertis avec retard des changements, de peur de ne pas crier à propos : Vive le Roi ! Vive la Ligue ! nous ne crions rien du tout. » Pourtant, à y regarder de plus près, on s'aperçoit que sous l'apparence de l'immobilisme, la Touraine a de tout temps constitué l'épicentre de mouvements culturels, politiques, technologiques de première importance, à l'image du fleuve en perpétuelle métamorphose.

Prenons l'exemple de l'imprimerie. Dès le huitième siècle, sous l'impulsion d'Alcuin, la ville était devenue le principal centre de l'enluminure et de la calligraphie. Cette tradition, ainsi que la grâce de la présence royale dans la « ville de loyauté », capitale artistique et économique du royaume, permit à l'imprimerie naissante, à la fin du XVe siècle, de trouver naturellement son implantation en Touraine, implantation dont aujourd'hui encore on peut constater la vitalité et la qualité. Autre exemple : la soierie. Introduite en France par Louis XI – et donc à Tours, dont il avait fait la capitale du royaume –, elle connut ici une prospérité prodigieuse : onze mille métiers fonctionnaient dans la ville au XVIIe siècle ! Mais dès la révocation de l'édit de Nantes, la fuite des capitaux protestants vers la Hollande permit à Lyon, grâce à la proximité de l'Italie et du Levant, de s'assurer progressivement la suprématie que l'on sait.

En matière de politique, la Touraine, sous son masque de belle endormie, n'a pas été en reste.

Ce n'est sans doute pas par hasard que le nom du plus fameux congrès de l'histoire de la gauche française est lié à celui de Tours. D'ailleurs, n'est-il pas étrange qu'une ville réputée bourgeoise et conservatrice ait donné le nom de Jean Jaurès à sa place principale, et celui d'un chansonnier libéral et anticlérical, Pierre-Jean Béranger, à son principal boulevard ? (Les propriétaires riverains connaissent-ils seulement ces chansons faites pour horrifier les bourgeois vertueux : *Les Cinq Étages*, *À mes amis devenus ministres*, et ce bijou d'irrévérence, *Ma Grand-Mère* ?) Certes, la place Jean-Jaurès fut rebaptisée place du Maréchal-Pétain, vers janvier 1941 ; mais les modes passent, et la nouvelle appellation ne connut pas un succès durable.

L'esprit conteur, rusé, goguenard, épigrammatique se retrouve chez les plus illustres représentants de l'espèce tourangelle : Rabelais, Balzac, Courier, Ronsard, Courteline, Eugène Bizeau, Anatole France, Jules Romains, Béranger (ces trois derniers n'étant que des pièces rapportées, certes, mais les enfants adoptés ne sont-ils pas les plus fidèles ?). Cependant on le trouve également, de façon plus discrète et légère, du côté de Restigné, Vouvray ou Cravant, chez le Tourangeau de modèle courant qui emploie, comme dit Balzac, « son esprit à se moquer du voisin, à se réjouir, et arrive au bout de la vie, heureux ». Jacques-Marie Rougé, précieux ethnographe de la région, en a recensé d'innombrables et savoureux exemples. La mémoire des vignerons

de Touraine regorge de ces anecdotes où coule à flots le « pisse-debout », ce vin bourru réservé aux vendangeurs. La Touraine passe, dans la tradition française, pour le creuset de la langue originelle. « Leur langage est le plus pur français, sans lenteur, sans vitesse, sans accent : le berceau de la langue est là, près du berceau de la monarchie », affirme Alfred de Vigny, qui prêchait pour sa paroisse. Cet axiome me semble toutefois quelque peu outré. Dès que l'on quitte les murs de la ville, le français parlé se transforme et se distord magnifiquement.
Il existe bel et bien un accent tourangeau : je me fais fort de présenter à tout sceptique quelques aborigènes capables de remettre ses préjugés en place par leur façon de dire « agadon » pour « regarde donc », ou de moduler les a, les e, les o. La syntaxe et la grammaire ne sont pas mieux loties : on dira « tourmente-toi pas » pour « ne te fais pas de souci » ou « à mode de vous » pour « je suis de votre avis » ; quant au vocabulaire, le parler tourangeau est riche de mille trouvailles délicieuses : ainsi, le Tourangeau remplace avantageusement ivre par *chaudillon*, maison par *retirance*, hébergement par *abrègement* (inquiétant, tout de même…), caresse par *amignounée*. Être *rondine*, c'est être enceinte, et *chauvir*, c'est sourire tristement (le mot manque peut-être de grâce, mais ne fallait-il pas un génie séculaire pour désigner par un verbe si simple une action aussi complexe ?). Et que dire de ces merveilleuses *arantèles*, que nous appelons platement des toiles d'araignée ?

Ou du *sarcasson*, qui désigne un enfant insolent ? Les villes de la région n'ont en général rien perdu de leur charme ni de leur mystère. Certaines, par la grâce équivoque de la rénovation, ont pris malgré leur âge des allures proprettes et guindées de premières communiantes. D'autres lieux encore ont disparu ou se sont horriblement transformés sous l'effort conjugué des incendies, des bombes et des urbanistes. À quoi pensaient les révolutionnaires et leurs successeurs lorsqu'ils laissèrent s'effondrer une des plus belles et des plus grandes églises de France, la basilique Saint-Martin, après l'avoir transformée en écurie ? Et que dire du blockhaus qui obstrue la place Gaston-Pailhou à Tours, en remplacement des superbes halles de Baltard ? L'histoire des villes est aussi faite de ces enlaidissements, de ces mutilations, de ces cicatrices mal refermées, de ces défigurations, dûs à la bêtise des hommes, à l'appât du gain, à leur manque de courage, d'ambition, de clairvoyance et surtout de mémoire. Le phénomène, pour s'être singulièrement aggravé depuis cinquante ans, n'a cependant rien de nouveau. Il est patent dans les villes, mais également dans les campagnes, où gagnent irrémédiablement la lèpre pavillonnaire, les pylônes, châteaux d'eau et hangars – sans parler de ces arracheurs de haies et déplanteurs d'arbres qui continuent de sévir. J'en ai vu un la semaine dernière encore défigurer un coin de colline afin de gagner un demi-quintal de récolte ; j'aurais pu – mais à quoi bon ? – lui dire le vers de Ronsard : « Écoute, bûcheron, arreste un peu le bras. » On pourrait croire que l'homme vit dans l'irrespect du travail accompli par ses parents, ses aïeux, ses ancêtres, et dans l'insouciance de ce qu'il léguera à ses enfants. Et cependant, malgré tout, malgré nous, l'âme des lieux persiste et se pérennise. Elle est faite de cet humus charnel, formé au cours des siècles par les alluvions de l'histoire collective et des mémoires familiales. Même si nous ne l'identifions pas toujours avec netteté ni avec gratitude, c'est un trésor que nous portons en nous : un trésor de couleurs et d'odeurs, de visages et de paysages, de ciels changeants, de phrases et d'expressions, d'anecdotes, d'habitudes, de traditions, de saisons, d'émotions, de regrets, un trésor unique, intransportable, qui s'enrichit et jour après jour se transforme, insensiblement.

J'ai choisi de vivre dans cette province où, disait le Tasse, « *la terra è molla, e lieta, e dilettosa* », où l'indulgence du climat ne forge certes pas des âmes de conquérants ou de moralistes austères, mais incite au plaisir et à l'indolence. Vous n'y rencontrerez pas de ces autonomistes furibards faisant péter leurs bombinettes comme on ferait du côté de Bourgueil sauter le bouchon d'une fillette, ou d'autochtones servant au touriste apeuré, en guise de hors-d'œuvre, une louche de soupe à la grimace. La Touraine est un ventre tiède, où rien n'exalte mais où rien ne blesse, où le temps respire au rythme de la Loire. Nous continuerons plus tard de longer la muraille calcaire qui, sur la rive droite du moins, se développe « avec une gaieté inexprimable » selon Victor Hugo, « tantôt roche sauvage, tantôt jardin anglais, couverte d'arbres et de fleurs, couronnée de ceps qui mûrissent et de cheminées qui fument, trouée comme une éponge, habitée comme une fourmilière ». Un petit bond au nord nous amènera à Meslay, pour parler musique ; puis nous redescendrons tout au sud de l'Indre-et-Loire, dans ce qui s'appela jadis la haute Touraine.

« La musique creuse le ciel », écrivait Baudelaire. Elle fait de l'homme l'ami du temps, elle le réconcilie avec le monde et avec lui-même. Par elle, la douleur ou la joie d'un seul deviennent le bonheur de tous. Elle éclaire et apaise, elle est le « magique rameau » qui détruit les verrous, ouvre les portes, abolit remparts et frontières : ainsi, c'est la passion obstinée d'un Ukrainien de Jitomir qui aura su donner à une simple grange ligérienne la majesté d'une basilique, et faire de la Touraine une des provinces françaises les plus musicales. La géniale intuition de Sviatoslav Richter est d'avoir choisi cette bâtisse à vocation utilitaire, posée comme une barge sur le plateau étale de Monnaie, dans un paysage dépourvu de grandeur, pour en faire un lieu de rassemblement universel. Rien ne pouvait mieux susciter la ferveur d'une célébration sincère et nue que cette plaine semblable à tant de plaines, que ce non-lieu : car la musique, comme la vie ou la mort, n'est d'aucun endroit, et ne va nulle part (à l'exception notable, bien sûr, de la musique militaire). Le miracle de Meslay – cette allégresse sans emphase, ce recueillement dans la musique retrouvée – ne se produit pas, chaque année depuis trente ans, malgré la rusticité des lieux, l'inconfort des sièges, l'inégalité du sol en terre battue, les craquements de la charpente, le crépitement de la pluie sur la toiture, les passages intempestifs d'une chouette au-dessus du public (je me souviens d'un concert particulièrement émouvant de Yehudi Menuhin, dont le violon dialoguait avec l'oiseau de nuit qui cherchait la sortie), mais justement grâce à cet ensemble de circonstances qui rendent la musique à sa nécessité et à sa vérité premières, loin des ors et des pourpres, loin des fastes vains de la mondanité. Chaque année, des milliers d'amateurs viennent ici creuser le ciel – désormais sans la présence survoltée de Richter, le géant aux doigts de vent.

Je vous aurais volontiers emmenés visiter d'autres lieux, en ce « pays du rire et du rien faire » selon Michelet, où Sterne se disait prêt à donner « tous les palais de l'univers pour avoir une cabane de chaume » ; mais la route est encore longue jusqu'à Nantes, et nous avons maintenant rendez-vous à la pointe méridionale de la feuille de vigne formée par l'Indre-et-Loire. C'est la haute Touraine (jadis ainsi désignée pour son altitude supérieure : pensez, elle doit bien culminer à près de deux cents mètres), ou Lochois du sud. L'air d'ici n'est plus celui, acidulé, de la grande vallée. Nous sommes chez d'autres rivières – lesquelles, bien entendu, sont en parenté directe avec notre fleuve. Nous ferons halte au Grand-Pressigny, que baignent l'Aigronne et la Claise. L'Aigronne se jette dans la Claise, qui s'abandonne dans la Creuse, qui se disperse dans la Vienne, qui confie son sort à la Loire – mais cela, c'est loin à l'ouest.

Le Grand-Pressigny, Preuilly-sur-Claise et leurs environs forment une petite Touraine retirée, modeste et gaie, avec ses vallons et ses collines douces, encore protégée des invasions organisées le long de la Loire par les tour-opérateurs. Si le Val de Loire est la région de France la plus visitée après Paris, le flux des autocars climatisés reste circonscrit aux sites les plus glorieux. Ce recoin enclavé constitue donc un conservatoire idéal pour étudier l'indigène. Faisons d'abord un sort à la réputation exagérée de « fainéant sublime » qui lui colle à la peau. Le portrait du Tourangeau paresseux et jouisseur a été bien établi par des générations d'écrivains. « Ce ne sont pas gens robustes, ni laborieux », affirmait déjà le Tasse. Jouisseurs, sans doute, Rabelais, qui ne donnait pas sa part d'andouillette aux chiens, Ronsard, qui avait la main leste et la lèvre baladeuse, Balzac, qui se montrait capable d'engloutir un cent d'huîtres avant le souper en guise d'amuse-gueule. Mais paresseux ! Le grand Honoré fut à lui seul la plus formidable usine littéraire des siècles passés. Il n'en colportait pas moins des histoires comme celle-ci : « Tourangeau, veux-tu de la soupe ? – Oui. – Apporte ton écuelle. – Je n'ai plus faim. » Voilà qui aurait fait amèrement ricaner les Tourangeaux du néolithique, lesquels, six mille ans plus tôt, passaient leurs saintes journées à s'esquinter les doigts sur des rognons de silex, du côté du Grand-Pressigny, dans leurs ateliers venteux de l'abri des Roches, du Pouvreau ou de la Jarrie, à une époque où, rappelons-le, les semaines n'avaient pas trente-cinq heures. Sourds aux médisances et aux calomnies que déjà devaient répandre les envieux, ils fabriquaient leurs outils et leurs armes dans la plus grande manufacture de l'époque, pour les exporter à travers toute l'Europe. Pointes de flèches ou de lances, racloirs, haches, toutes sortes de bifaces et de pierres taillées que les tracteurs retournent par milliers entre la Claise et la Creuse témoignent d'une activité rien moins que paresseuse. On continue de voir fichées dans les murs des maisons des « livres de beurre », dites aussi pierres à foudre car elles sont censées protéger de l'orage. Un nouveau musée préhistorique est en cours d'élaboration au Grand-Pressigny. Sa conception a été confiée à Gérard Coulon, qui fut le maître d'œuvre de la remarquable reconstitution du site d'Argentomagus, en Berry, où l'on peut visiter selon un scénario très ingénieux les vestiges des différentes époques de cette ville gallo-romaine. Gageons que le musée du Grand-Pressigny sera de la belle ouvrage.

C'est un personnage haut en crayons de couleurs qui m'a fait connaître l'endroit dans ses recoins les plus secrets. Jean-Jack Martin, réincarnation officielle de Pantagruel, connaît tous les coins à cèpes du canton, et les écrevisses de la Claise par leur prénom. Dans son belvédère de Chaumussay, il reçoit ses amis un verre de chenin dans une main, un Caran d'Ache dans l'autre, et les introduit aux aimables arcanes des lieux. Hérodote des bords de Loire, Sancho Pança de l'art officiel, Livingstone des brocantes, Sœur Teresa du cépage oublié, Homère du verjus, Cellini du calembour, Littré des goûts et des odeurs, Attila des goujons, Rocambole des arrière-cuisines, Houdini des cages à penser, Bodoni du pied de la lettre, Wagner de la ciboulette, Toscanini du crayon de couleur, Spinoza du pain de campagne : voilà le gars Martin. Fils d'un compagnon charpentier, il est le guide idéal. Ce coin de haute Touraine est son jardin de prédilection, mais il saura également vous raconter et vous faire connaître les autres contrées du Val de Loire. Je vous souhaite de faire un jour cette joyeuse rencontre. Elle aura lieu, peut-être, lors des fêtes nocturnes du village, qui se déroulent à la mi-août. Toute la population ou presque y participe, selon une formule très originale, aux antipodes du Puy de l'autre fou… Le spectacle n'est pas seulement dans la rue : il est dans chaque maison, où le public est convié à entrer par petits groupes pour y assister à une quarantaine de scènes différentes, intimistes ou facétieuses.

Le paysage montueux et charmant, aux vallées profondes, a été mieux que d'autres préservé des

attaques d'une modernité profiteuse et saccageuse. La faune et la flore y sont d'une richesse exceptionnelle – nous sommes aux portes de la Brenne. On trouve dans ce lieu connu des botanistes européens des orchidées rares et somptueuses, céphalantères rouges, épipactis, ophrys… Le gibier et le poisson y sont abondants, et je crois bien qu'il était d'ici, ce curé dont on m'a raconté l'histoire. Il avait deux amours : Dieu et la pêche. Il passait le plus clair de son temps à pêcher à retrousse-soutane, hiver comme été, si bien que ses ouailles indignées finirent par réclamer son départ à l'évêque : toujours pressé de rejoindre, la rivière, il disait la messe trop vite. Convoqué par le prélat, le brave homme sut se défendre : « Si vous me renvoyez de ce paradis, je quitte la vie ! » L'évêque, semble-t-il, céda. Il connaissait sans doute la Claise, et pouvait comprendre cette faiblesse bien humaine.
Certes, on ne se nourrit pas que de tanches et de sandres. Ici, le cochon – le « Monsieur » – est également traité avec toute la science requise. Qu'on me permette de citer un poème de Marc Leclerc, *Rimiaux au défunt gorin* ; il fait revivre le culte ancestral voué à ce généreux animal, qui bien mieux que l'immangeable chien méritait le titre de meilleur ami de l'homme : « Nout'gorin est tué d'à matin… Et astheur'tout'la maisonnée,/les gâs, les marrain', les queniaux/et les voésins et les voésinnes/sont tous après li en cuisine :/le grand-père touille les rillauds,/les drôls font enfier la bousine/en buffant

dans n'ein chalumiau/pendant qu'la mère dans les boeillaux/empoch'les gogu'à grand'cuill'rées/tout autour, c'est ein vrai cruée/chaquein tire à lui son morciau/à coups d'houss'ras, à coups d'coutiau,/on coupe, on sale... tertous travaillent!/Et moé de voèr ces fénérailles,/J'pens'que n'ya des chréquiens, vraiment/qui n'auront point assurément/autant d'mond'à leû entarr'ment... »
Toutefois il n'y a pas que le cochon dans la vie, et on peut manger au Grand-Pressigny, à l'enseigne de l'Espérance, la meilleure matelote d'anguille du monde, je pèse mes mots; pour une cuisine plus inventive, faire le détour du Petit-Pressigny, où le grand chef Jacky Dallais sait réveiller les papilles les plus désabusées. Il faut avoir pêché le goujon et l'ablette pieds nus dans la Claise, sous les frondaisons épaisses, pour se faire une petite idée de ce qu'est le paradis. J'y ai même mangé, dans la Claise, cet été, avec une bande de soiffards sympathiques. On avait installé la table dans la rivière, dont le courant venait chatouiller les mollets; les enfants et les chiens jouaient dans une eau frétillante, tandis que les anciens éclusaient quelque cabernet franc en racontant gravement des bêtises sous leurs chapeaux de paille. Jérusalem en bas Lochois, vous dis-je!

Au pays de Gargantua

Allons, il faut lever le camp. Cap à l'ouest, en remontant la Creuse puis la Vienne. Traversons Descartes, pour un salut au philosophe, et nous voilà à l'Île-Bouchard. Le restaurant, sur l'île, propose un pied de cochon farci qui est entré dans la légende ; on pourra, en le dégustant accompagné d'un vin de Panzoult, étudier les peintures du chanteur Gérard Blanchard (*Rocamadour*...) accrochées aux murs.
Laissons Crissay-sur-Manse sur notre droite (encore un des « plus beaux villages de France » : on en viendrait presque à souhaiter le rafraîchissement d'un peu de laideur ordinaire...). Bien des souvenirs m'attachent à ces maisons Renaissance proprettes sous leurs sages coiffes de tuiles, à ce château en ruines où je vis naguère une représentation inoubliable de *La Leçon* par une troupe d'amateurs plus inventifs, enthousiastes et talentueux que beaucoup de professionnels. Mais déjà il faut repartir. Sur les panneaux de la voirie, certains

noms indiquent que nous sommes entrés en territoire rabelaisien, vaste pays aux parfums de framboise, de mûre et de violette, sur lequel le cabernet franc jette son manteau grenat.

Sur la rive gauche de la Vienne, Tavant (avec les fresques envoûtantes de la crypte Saint-Nicolas, à la fois familières et farouches, dont Focillon disait qu'elles « tressaillent d'une vie intense, accrue par la brièveté de la touche »), Sazilly, Anché, Rivière, Ligré ; sur la rive droite, Panzoult, Cravant-les-Coteaux, Chinon (première ville du monde, selon Pantagruel), Beaumont-en-Véron, Savigny, Huismes – à deux pas du château de la Belle au Bois Dormant, Rigny-Ussé, et du site présumé de l'abbaye de Thélème, dans l'étroite langue formée sur quinze kilomètres par l'Indre et la Loire qui, comme Panurge, hésitent longuement à se marier. Toutes ces communes produisent le vin que Louis XI décréta « *optimum vinum* » afin qu'il fût offert aux princes étrangers, et qui resta longtemps le vin favori des rois de France, après avoir fait accomplir maintes merveilles aux personnages de l'épopée pantagruélienne.

De plus ou moins longue garde suivant qu'il provient de coteaux ou de terrasses, le chinon est un vin d'une grande subtilité, à la fois charmant et profond ; il séduit dès le premier abord, mais la conversation avec lui peut être très longue. Il est l'expression même, dans sa fraîcheur et sa douceur incomparables, de l'esprit ligérien – tout comme son frère de Bourgueil, produit juste de l'autre côté

de la Loire, sur la rive nord, avec le même cépage. Quelques vignerons ont su porter ces qualités spécifiques jusqu'à leur expression la plus accomplie. Ne pouvant les nommer tous, je n'en nommerai aucun, mais on les trouvera facilement en traînant le nez en l'air dans les vignobles. Et que je n'entende personne me dire, ou je me fâche, que chinon et bourgueil sont de petits vins à servir jeunes et de préférence sortant du réfrigérateur – comme c'est le cas neuf fois sur dix dans les restaurants parisiens. J'en ai connu des flacons quasi centenaires qui pouvaient en remontrer à des freluquets de Pauillac.
L'esprit du grand François Rabelais se manifeste encore ici dans de nombreux détails. Il suffit d'assister à l'un des chapitres de la fameuse confrérie des Entonneurs rabelaisiens, dans les Caves Painctes reconstituées à Chinon, pour s'apercevoir qu'on n'y fait pas seulement ripaille et commerce de bouteilles, de plaisanteries grasses et de pin's : l'esprit pantagruélique y est constamment invoqué, et les grands prêtres de ces chapitres ne sont pas de minces lecteurs d'Alcofrybas Nasier. Ici, chacun suit joyeusement le précepte œcuménique de la fontaine merveilleuse du *Cinquième Livre* : « Trinc ! ». Les vignerons de Cravant-les-Coteaux ont une pratique exemplaire de cet esprit : pour fabriquer le vin du comité des fêtes, destiné à égayer toutes les réjouissances collectives qui ponctuent l'année, chacun donne une part de sa meilleure cuvée. L'assemblage ainsi obtenu se fait souvent remarquer dans les

dégustations à l'aveugle, ce qui est un bel hommage à l'héritage un tantinet libertaire et partageux du bon maître Françoys. Imagine-t-on une telle coutume chez les viticulteurs du Médoc ?

À Chinon, « petite ville, grand renom », la statue de Rabelais tourne le dos à la rivière, et contemple le majestueux couronnement des châteaux dont les vestiges abritent régulièrement des manifestations théâtrales ou musicales de grand intérêt. On a pu y voir, récemment, une représentation de la *Jeanne d'Arc* de Joseph Delteil de belle tenue, mise en scène et jouée par Denis Wetterwald. À portée d'arbalète, la Devinière, maison natale de l'écrivain, est un haut lieu de pèlerinage pour les pantagruéliens de toutes obédiences. Il vaut mieux la visiter par temps couvert, ce qui n'est guère difficile dans cette région où les ardoises ont un dialogue incessant avec les nuages ; la campagne d'ici est faite pour l'infini camaïeu de gris qui donne à l'hiver sa teinte si doucement mélancolique.

En regardant la modeste bâtisse, on peine à imaginer que les légions de Grandgousier y tinrent garnison. Rabelais, qui vécut à Chinon, avait pourtant eu sous les yeux des modèles architecturaux autrement grandioses : les châteaux, bien sûr, orgueil des Valois et des Plantagenêts, ou encore ces maisons à colombages et poivrières, toujours visibles dans les rues du Grenier-à-Sel, de la Lamproie, du Grand-Carroi, au carrefour du Puits-des-Bancs, splendides demeures qui alors affichaient tout l'éclat de

leurs pierres blanches fraîchement taillées, de leurs briques sang-de-bœuf, de leurs ardoises encore intactes. Son regard se posait chaque jour sur le château du Coudray, forteresse de dentelle comme on n'en trouve qu'en Touraine, ou sur celui de La Roche-Clermault, dont la masse dominait la Devinière. Mais c'est d'une bicoque presque insignifiante qu'il fit le berceau de sa cosmogonie, l'épicentre de son œuvre. Depuis la table d'orientation située au-dessus, on peut repérer tous les villages et lieux-dits qui servent de cadre aux aventures de Gargantua et Pantagruel : un territoire minuscule, dont Rabelais a relevé la topographie avec une incroyable précision ; lui qui quitta ces lieux très jeune, pour n'y revenir pratiquement pas, transmua la violente nostalgie qu'il en éprouvait en un édifice gigantesque de mémoire et d'amour.
La Vienne, que certains appellent la petite Loire, nous emporte jusqu'à Candes. Nous y retrouverons enfin la grande, qui commençait à me manquer. Quelques mots sur Bourgueil, tout de même, que nous laissons sur notre droite en suivant le cours du fleuve vers Angers. Si, à Chinon, nous nous trouvions en pleine Touraine, en passant sur la rive droite nous voilà en Anjou – bien que toujours en Indre-et-Loire. L'Anjou commence à Ingrandes. Les caractéristiques de l'habitat en témoignent : le tuffeau y est omniprésent, l'ardoise y supplante définitivement la tuile, et les sociétés de boules de fort n'y sont pas un simple résidu folklorique, mais des

lieux de rencontre très fréquentés. La boule de fort, de Restigné à Ancenis, est plus qu'un jeu : un rituel, une façon d'être, une seconde religion – du moins pour les anciens, car les jeunes qui ont pris la relève tendent désormais à en faire un véritable sport de compétition. Le jeu, qui se pratique avec des boules cerclées d'acier, méplates et déséquilibrées par un côté plus lourd, le « fort », sur un terrain incurvé (souvenir des cales des gabarres où les mariniers devaient s'occuper, en l'absence de vent ou par gros temps), exige une très grande adresse. Longtemps strictement réservé aux hommes (si une épouse impatiente venait récupérer son mari, celui-ci était passible d'une amende…), il a tendance à s'ouvrir très progressivement. On vient à la « société » accessoirement pour jouer, mais surtout pour rencontrer voisins et amis, chopiner longuement en débitant force sentences profondes, puisque l'emplacement essentiel n'est pas le terrain lui-même, mais la buvette qui le jouxte, où chaque joueur possède son verre « à tenir » et où le chenin coule à flots. Le tuffeau des maisons a été extrait de carrières creusées dans le coteau, souvent gigantesques. Parfois transformées en habitations troglodytiques ou en champignonnières, ces carrières sont le plus souvent devenues des caves, où les viticulteurs entreposent leurs récoltes et reçoivent leur clientèle. J'aime ces cathédrales souterraines, parfois grandes de plus d'un hectare, leur atmosphère qui paraît fraîche en été, douce en hiver – bien que parfaitement stable.

Dans la pénombre, les amateurs contemplent les flammes vermeilles qui tremblent dans leurs verres, les alignements de bouteilles et de fûts sur lesquels règne un propriétaire toujours jovial et disert – car les vignerons, habitués au contact de gens très différents, sont les plus ouverts, les plus curieux et les plus éveillés des travailleurs de la terre.
Le tuffeau règne sur la Loire, qui entame après Luynes et jusqu'à Ancenis le tronçon splendide de son parcours. Candes-Saint-Martin et sa jumelle Montsoreau, vues de la rive nord, sont un enchantement – si l'on parvient à faire abstraction de la centrale d'Avoine, située à un jet de pierre, et des magnifiques pylônes dont EDF a gratifié le paysage afin de lui donner un air un peu moderne. Assise à flanc de coteau, la collégiale veille sur les maisons de Candes comme une poule sur ses petits, formant un ensemble d'une grâce lumineuse. Le destin de cette ancienne forteresse romaine est lié au nom de saint Martin, qui y fonda au quatrième siècle une des premières paroisses de France. Centre monastique important, étape essentielle sur la route de Compostelle, Candes fut également un port fluvial très actif, au confluent de la Vienne et de la Loire. C'est dans les ports que les mariniers – dits *chalandoux*, *fis de galerne*, *traîneux de Loire*, *couillons rouges*, *chie-dans-l'iau*, *traîne-bâtons* – rencontraient les terriens – à savoir les *bêcheux*, les *culs-terreux*, les *chasse-pies*, les *vire-bouses*. On le voit, ils avaient des choses à se dire.
L'histoire de saint Martin est indissociable de celle

du fleuve. L'essentiel de son existence se déroula entre Tours, Amboise, Marmoutiers et Candes où il mourut. Son dernier voyage sur l'eau lui donna l'occasion d'un bien joli miracle, lui qui de son vivant ne s'était illustré que dans la résurrection de catéchumènes et autres tours éculés : à la suite d'obscures bisbilles inter-monastiques, son corps fut volé par les moines de Marmoutiers à ceux de Ligugé (il avait fondé les deux monastères ; il faut voir là une des premières manifestations de la sourde animosité qui perdure entre Tourangeaux et Poitevins ; aujourd'hui encore, les seconds donnent aux dindons le nom des premiers) afin d'être ramené à Tours ; et bien qu'on fût en hiver, au passage de la barque les arbres refleurirent, ce qui dut en boucher un coin aux hérons autochtones. Ce sympathique prédicateur utilisait une technique d'évangélisation qui a dû inspirer le général Schwarzkopf : il investissait un village sans crier gare avec une cohorte de moinillons, détruisait le temple et les arbres sacrés, et n'expliquait qu'ensuite la raison de sa venue – la conversion par le *blitz*, en quelque sorte. Par temps de grand froid, il donna à un pauvre la moitié de son manteau. Ce n'est pas, à mon sens, ce que nos communicateurs appelleraient un « signal fort ». Je trouve même qu'en termes d'image, le geste est plutôt contre-productif pour une marque de saint. Essayez donc de sortir par une nuit d'hiver vêtu d'un demi-manteau, et vous m'en direz des nouvelles ; à la place du pauvre j'aurais copieusement râlé. Il aura fallu tout le talent du biographe de Martin, Sulpice Sévère, pour rattraper le coup et faire de ce saint pas même martyr une vedette médiatique. Grâce à lui, la basilique de Tours devint le premier centre de pèlerinage de la Gaule ; d'innombrables églises reçurent Martin comme patron, et de nos jours plus de cinq cents villages français portent son nom – sans parler des ânes.

Diane de Maridor a eu d'autres soucis, dans son château de Montsoreau. Elle aussi doit beaucoup à son biographe, Alexandre Dumas. Prénommée en réalité Françoise, ce qui est moins chic, elle ne pleura pas longtemps son amant mort dans des circonstances tragiques : la légende oublie de raconter que, réconciliée avec son mari, elle en eut neuf enfants et vécut très vieille. Allez donc faire un roman avec ça. Le château, aujourd'hui séparé du fleuve par une route où circule un flot continu d'Anglais et de Japonais, plongeait autrefois ses murailles dans l'eau de la Loire, qui emplissait ses douves. La forteresse, dressée aux marches du Poitou, de la Touraine et de l'Anjou, préfigure celle de Saumur par son élégance et sa hauteur. Le premier dimanche du mois, un marché d'antiquités très animé s'installe sur le quai, tandis que sur la place on peut trouver toutes denrées utiles pour le pique-nique : oreilles de cochon, gogues (un gros boudin farci de feuilles de bette, originaire des Mauges), légumes superbes, à moins qu'on ne préfère manger une authentique friture de Loire dans un bistrot

voisin – rien à voir avec les éperlans achetés à la tonne qui inondent les gargotes françaises.
Bien que notre route passe à proximité, nous n'irons pas à Fontevraud. L'ensemble monastique exceptionnel, qui a retrouvé une grande vitalité au cours des dernières années, est trop important pour s'accommoder d'un commentaire de quelques lignes. Rendons hommage, simplement, à Jean Genet, qui connut l'abbaye sous l'apparence moins plaisante d'une centrale (*Miracle de la Rose*) : « Pour aller au réfectoire à midi, nous traversions des cours d'une tristesse infinie [...] À Fontevrault revivaient sous forme de macs et de casseurs les nonnes amoureuses et les filles de Dieu. [...] Les détenus modèlent l'air de leurs contorsions, leurs gestes, leurs appels, leurs cris, leurs chants de lamantins, les mouvements silencieux de leurs bouches ; ils le torturent et sculptent la douleur. Aujourd'hui, Fontevrault est dévastée de ses joyaux de pierre et de bois. Des gens sans noblesse, incapables de conquérir des âmes, les ont achetées pour leurs appartements, mais une autre et plus splendide débauche emplit la centrale, c'est la danse dans les ténèbres des deux mille détenus qui appellent, chantent, bandent, souffrent, meurent, écument, crachent, rêvent et s'aiment. »
En longeant la berge vers Saumur, on peut observer et parfois visiter les multiples trous dont l'activité humaine a percé le coteau : habitations troglodytiques, champignonnières, moulins caviers... Déjà,

nous sommes à Saumur. Il va encore falloir parler de vin, je vous prie de m'en excuser. Ronsard ne célébrait pas pour rien le « nectar divin/Qui rend Anjou fameux ; car volontiers le vin/Qui a senti l'humeur du terroir angevin/Suit les bouches friandes… ». Sans doute parlait-il du savennières, et plus particulièrement de la coulée de serrant, qui reste le joyau des vins d'amateurs. Mais en réalité, tous les vins que nous offrent la Loire moyenne et ses affluents méritent autant d'attention qu'ils dispensent de plaisirs. Leur intérêt est de développer des tempéraments complexes et bien identifiables à partir d'une même matière : un cépage rouge, un cépage blanc, et vogue la douce galère. Dans chaque appellation, quelques vignerons vous présenteront des vins de race vendangés à la main, issus d'un travail exigeant excluant l'apport de produits de synthèse. Il suffit de les trouver ! Évitez donc ceux qui, comme partout, ont tendance à faire « pisser la vigne », et cherchez plutôt les sages et les amoureux qui savent réduire le rendement jusqu'à faire donner au terroir le meilleur de lui-même. Champigny, saumur, savennières et les autres : avec de tels compagnons, nous ne pouvons pas faire mauvais chemin.

À Saumur ont lieu chaque année les journées internationales du Livre et du Vin. Des dizaines d'écrivains et d'artistes viennent célébrer ce beau mariage. Feux d'artifice, chants et danses, dîners dans des serres emplies de fleurs ou dans des caves, concerts, signatures, libations, fanfares : enfin un salon du livre où les auteurs ne s'ennuient pas derrière des piles d'invendables... Et si le bruit fatigue, on peut toujours s'éclipser pour une promenade le long du fleuve, ou pour assister à une reprise publique du Cadre Noir. Le spectacle de ces chevaux dressés à la perfection, exécutant voltes, courbettes, croupades, cabrioles d'une incroyable précision vous fait balancer entre admiration et malaise. Certains préféreront carrément le ballet des blindés et des motos pilotés par les élèves officiers. On sait s'amuser, à Saumur. Je vénère bien entendu l'artillerie française, mais j'avoue avoir une petite préférence pour l'esprit de Doué-la-Fontaine, entourée d'immenses champs de roses et qui consacre à cette fleur une journée de fête très courue, en juillet. Le jardin des Roses est un endroit délicieux, bordé par les ruines de l'ancien château ; mais le lieu le plus insolite est sans conteste la rue des Perrières, artère troglodytique bordée de caves habitées. De judicieux édiles ont décidé de faire connaître et revivre la « culture » troglodytique ; Doué et ses environs, en effet, constituent un véritable gruyère percé de cavités parfois immenses, de maisons et d'églises souterraines. Une population entière avait jadis sagement choisi de s'enterrer. Lorsqu'on voit ce qui se passe à la surface, on est tenté, par moments, de l'approuver.

Puisque le ton est à la méditation, retournons au bord de la Loire, à Cunault. En lisière d'un village

de conte où le temps semble s'être arrêté, Trèves, Notre-Dame de Cunault apparaît saisissante de beauté, de grandeur – on dirait presque : de bonté. Près de ce vaisseau de pierre dorée échoué sur l'herbe, ou à l'abri de sa vaste nef, on se prend à penser que rien de la méchanceté du monde ne peut plus nous atteindre. Encore un édifice que le grand Prosper Mérimée a sauvé du naufrage : lorsqu'il le découvrit, il faisait office de grange. Je trouve étonnant que la France n'ait pas élevé davantage de statues à cet homme qui fut la providence du patrimoine architectural, ni donné son nom à de grandes avenues. Il vaut bien l'un de ces soudards au sabre rougi que le petit Corse nomma maréchaux d'Empire, et qui encerclent la capitale de leurs boulevards.
Nous laisserons au nord Baugé, ses forêts, ses dolmens et les flèches torses de ses clochers, au sud Montreuil-Bellay et sa magnifique forteresse (mais aussi les vestiges de ce qui fut le plus grand camp de concentration de Tziganes durant la dernière guerre), pour arriver enfin à Angers.

Angers et sa suite

Angers a été peu fêtée par les écrivains. Julien Gracq, dans *La Forme d'une ville*, en fait cet aimable portrait : « Son site mesquin choisi à l'écart du fleuve, sur un affluent de médiocre calibre, fait songer à ces natures étriquées qui, au test du village, s'effraient devant l'étendue disponible et vont entasser maisons et église dans un coin perdu du rectangle de la table à jeu. Toutes les liaisons de la ville sont de peu d'ampleur [...] ses ruelles peuplées de chats dormeurs et de pots de géraniums où à peine entrevoyait-on, jadis, de loin en loin, flotter silencieusement la robe d'un prêtre : intrigues en vases clos, odeur caractéristique de renfermé social, micro-sociétés stagnantes et mesquinement conflictuelles [...] » Voilà cette pauvre cité habillée pour l'hiver. Tableau injuste, tempéré par un Nizan attendri : « Angers sommeille, avec ses beaux arbres, son château aux tours rondes comme des tuyaux, ses souvenirs du roi, ses promenades brodées de mosaïques florales, ses maisons secrètes dont les façades s'écaillent, ses réserves de vin blanc, ses officiers et ses belles provinciales, orgueilleuses de leurs seins »… Les seins en question doivent bien avoir quelque chose de spécial, puisque d'après l'incontestable et très scientifique Bobby Lapointe, « On peut dans le Maine-et-Loire/S'offrir deux beaux seins en poire […] Davantage d'avantages/Avantagent davantage/Lui dis-je quand elle revint/Avec ses seins angevins… » Il est vrai que la capitale de l'Anjou, avant que le professeur Poirier ne s'occupe de son cas, a toujours eu une réputation rien moins que confinée et mesquine. On disait naguère : « Ma parole, tu viens d'Angers ! » pour dire : « Tu as fait la noce ! », et maints témoignages évoquent les charmes des femmes d'ici « pour leurs attraits mignons sur toutes renommées »… Certes, en la matière, il est prudent d'adopter la technique de saint Thomas ; pour ma part, n'ayant pas absolument besoin de toucher pour croire, il me suffit d'avoir beaucoup rêvé en suivant du regard les belles passantes place du Ralliement, ou assis sur un banc du jardin des Beaux-Arts.

La ville des plaisirs n'est plus si endormie. Aujourd'hui, Angers connaît un véritable renouveau économique et intellectuel. Les étudiants nombreux animent les rues, et l'industrie locale s'est recentrée avec succès sur les secteurs de pointe, affirment les dépliants, ce qui fait chaud au cœur. D'ailleurs Hervé Bazin, le régional de l'étape, chantait avec une belle vigueur poétique ce « ralliement au siècle qui laisse de toutes parts, dans un bel élan industriel, éclater ses ZI et ses faubourgs » (sic : c'est presque aussi beau que *Hourra l'Oural*). Si malgré tout vous avez le sentiment de vous y ennuyer, c'est que vous manquez de vie intérieure, voilà tout. Allez donc voir au château les six panneaux de la tenture de l'*Apocalypse*, cent trente mètres de beauté pure et violente qui vous remettront les idées en place. Le château lui-même paraît massif et sans grâce, avec ses dix-sept tours en schiste noir paré de grès blanc, découronnées (Henri III avait ordonné qu'on le rasât, mais le démolisseur chipota, et se contenta de le décoiffer). On se dit que les ducs d'Anjou qui le construisirent et y vécurent ne devaient pas faire partie de la brigade du rire. Mais l'*Apocalypse* ! La plus grande et peut-être la plus belle tapisserie du monde ! Le combat entre la vertu et le dragon du Mal y est représenté sous des formes hallucinées, propres à rabattre la joie du pécheur le plus endurci. Quant au panneau évoquant la Prostituée sur la Bête, dans son ciel rouge sang, osez donc visiter après cela les « angevines de poitrine » qui font le pied de grue sur certains trottoirs dans l'attente du chaland ! Mieux vaut, en sortant du château, aller méditer sur la brièveté de la vie et la vanité des choses le long de la promenade du Bout-du-Monde qui domine la Maine et la Doutre, ou porter vos pas (en passant, par pénitence, rue des Filles-de-Dieu) vers le grand escalier qui

monte à la cathédrale Saint-Maurice. Rien à voir, celle-là, pour ce qui est de la splendeur, avec celles de Bourges ou Chartres, ni même avec celles d'Orléans ou de Tours. C'est un édifice un peu chiche, avec ses flèches courtaudes enserrant une tour à lanternon plutôt incongrue ; mais elle recèle tout de même quelques trésors : ses vitraux, œuvres caractéristiques des maîtres verriers de l'Ouest valent le détour, comme le bel autel à baldaquin baroque qui vous consolera de ne pas être à Saint-Pierre de Rome. Le charme de la ville, bien réel, n'est pas tel cependant qu'il puisse nous retenir longtemps. La Loire nous appelle ; auparavant, faisons un petit tour sur ses affluents du nord. Angers est située à la base d'un entonnoir formé par la Sarthe, le Loir et la Mayenne s'unissant dans la Maine, qui au temps de la marine fluviale déversait sur la capitale de cette province « comblée par Cérès et Bacchus » les richesses des campagnes septentrionales.
La branche droite du trident de rivières, le Loir, remonte jusqu'à Illiers-Combray en passant par Montoire (fameux rendez-vous de copains), Lavardin, Vendôme et Châteaudun. Je cite Lavardin pour mémoire. C'est un adorable village (un des plus beaux de France, me semble-t-il. Il serait tout de même plus simple d'indiquer à l'entrée des quelques bourgs non concernés : « Ceci n'est pas un des plus beaux villages de France ») dominé par un château en ruines qui offre une particularité : il a été rénové par votre serviteur. Je précise : en par-

tie rénové. C'est-à-dire que j'y ai déplacé quelques pierres et arraché trois ronces sous l'égide du club du Vieux Manoir, quand j'avais dix-sept ans ; mais si tout le monde en faisait autant au lieu de ricaner, on pourrait y loger aujourd'hui Jean-Claude Duvallier, Slobodan Milosevic ou quelque autre ami de la France en difficulté. J'y ai connu un personnage inoubliable, une sorte de moujik colossal qui ressemblait à Anthony Quinn. Il vivait à Lavardin avec son accordéon et son gendre, depuis que sa fille les avait plaqués. Il composait des tangos dont le plus beau s'est gravé dans ma mémoire. Cela commençait bien : « Son beau souri-reu/Semblait me di-reu/Je t'appartiens je suis ton bien ta choseu… » Mais très vite quelque chose clochait, et le chanteur se mettait à bramer de façon à mon avis convaincante : « Prends pitié de ton gaucho !/Il est là qui désespère/Mais sa prière/Est sans écho !/C'est un pauvre abandonné/Mais tu sais bien qu'il t'a déjà pardonné/Et malgré sa peine amè-reu/Son âme est fiè-reu/C'est un gaucho. » Ainsi passait la vie au bord du Loir dans les années soixante-dix, et l'on n'y buvait pas que de l'eau.

Il y aurait beaucoup à dire sur le Vendômois et sur ses coteaux, mais on ne peut ramer indéfiniment contre le courant qui nous ramène vers le confluent. Là, nous trouvons la Sarthe, dont les méandres pourraient nous conduire, si nous en avions la force et le temps, à Sablé et Solesmes pour une cure salutaire de chant grégorien, puis au Mans, célèbre pour ses Vingt-Quatre Heures – du Livre, bien entendu. C'est un salon très vivant et joyeux, pour lequel s'agitent quelques libraires de haute volée. Mais la vie n'est pas faite que de livres, et il me faut hélas, puisque nous sommes au Mans, vider ici une querelle qui n'a que trop duré, afin d'établir définitivement la vérité : comparées à celles de Tours, les rillettes du Mans ne valent pas tripette. Voilà, c'est dit. En l'affirmant haut et fort, je sais que je vais à l'encontre de bien des préjugés. Il fallait pour cette raison, justement, que cela fut proclamé. Regardez la rillette mancelle. Pâle, maladive, surnageant à grand-peine dans un bain de saindoux, cuite avec une hâte, une paresse ou une pingrerie regrettables, elle nourrit certes son homme, mais elle fait peine à voir. La rillette de Tours, en revanche, apparaît triomphale dans son bronzage parfumé. Interminablement fondue dans un jus de vouvray, répondant à une charte de qualité très exigeante, elle seule, pardonnez-moi, peut mériter l'appellation de « beurre de goret » et faire la joie du connaisseur. Amis manceaux, je comprends votre peine et votre humiliation, mais allons, un peu de cœur et de dignité, je vous en prie ! Vous avez les pommes ! Les courses automobiles, les Alpes mancelles ! Et vous savez vous amuser. J'ai connu à Beaumont-sur-Dême l'étrange corporation des Frigodêmes : tous les premiers de l'an, ils se jettent dans ce petit affluent de la Sarthe en poussant de grands cris d'allégresse : ne faut-il pas voir ici la manifestation

d'un solide sens de l'humour et d'une joie de vivre qui compensent bien la médiocrité des rillettes ?
Quant à la Mayenne, elle vous conduira, à la nage ou en remontant les écluses à bord d'une de ces pénichettes qui seules peuvent désormais y circuler, directement à l'abbaye du Port-du-Salut ; cela vous fera le plus grand bien. On trouve dans les parages de cette rivière, dit-on, la plus forte concentration en France de châteaux habités : c'est dire que le paysage y est amène, le climat doux et le clavecin bien tempéré.
Mais décidément l'Ouest nous requiert. Il nous faut redescendre la Maine, sur les pas d'Aragon : « J'ai traversé les Ponts de Cé/C'est là que tout a commencé »... Savennières, Serrant, l'île de Chalonnes plus grande et longue que Bréhat, presque bretonnante avec ses maisons de pierre sombre, toutes ces villes doucement allongées nous attendent. Nous fermerons les yeux à Montjean devant la statue d'homme qui pisse à gros jets dans la Loire, ou à Ingrandes devant le monstrueux cube de béton érigé à la gloire et au profit des caves de la Bouvraie – et sans doute de certains édiles peu délicats, avant d'arriver à Saint-Florent-le-Vieil, haut fief des Mauges, où nous séjournerons un peu.

La Loire vendéenne

L'île Batailleuse et l'île Moquart : tout Gracq est là, entre combat et moquerie, face à la petite ville de Saint-Florent. L'abbatiale de Monglonne, juchée sur son pic, célèbre l'ermite Florent, venu convertir ce pays de « vipères et de païens ». Les vieux ivrognes d'antan ne reconnaissent plus, paraît-il, cette « bourgade taylorisée et ouvrière qui a vendu son âme au marketing rationalisé et jeté dans la Loire les clés des vignes du Seigneur ». C'est du moins monsieur Gracq qui l'affirme, comme toujours un brin ronchonneur et sévère ; mais il sait aussi évoquer comme nul autre la « grise et haute fourrure de saules, mousseuse et continue, doublée immédiatement en arrière par une muraille de peupliers. Le saule trempe aux eaux brumeuses et les marie aux berges aussi doucement que le petit gris bordant la peau nue… ».
À l'Hostellerie de la Gabelle, sur la terrasse, quatre petits vieux jouent au tarot. Ils projettent d'aller

donner, tout à l'heure, quelques coups de foëne prohibée dans les trous d'eau où des gardons et même des brochets sont emprisonnés par la décrue. Dans les rues du bourg, pas un promeneur. On aura vendu son âme au marketing pour rien. Le temps a posé sur toute chose un voile gris et tremblant, les enfants sont partis, les parents sont morts. De l'autre côté du fleuve se trouve La Meilleraie, un village de pêcheurs où Turner s'arrêta en 1826. À cent cinquante kilomètres de Saint-Nazaire, l'endroit vous a un air de bord de mer très prononcé. Des filets sèchent au vent, un petit trois-mâts se balance : la *Fille de Loire*, une yole gréée pour le défi de Douarnenez, l'an prochain. Sur la plage de sable fin, un chercheur de trésors promène sa poêle à frire. Il a déjà trouvé de nombreuses pièces de monnaie : « La Loire est un fleuve qui remonte à l'Antiquité ! », me confie-t-il avec un air de pénétration qui ne laisse aucune place à la controverse.
Rendez-vous est pris avec Yannick Perraud, un pêcheur professionnel de La Meilleraie. J'arrive avec Jean-Luc Chapin, un ami photographe qui a su mieux que nul autre donner un sens particulier aux mystères de ce fleuve. La famille est attablée, rieuse : rien d'antique dans le tableau ; ils portent des tee-shirts et des tongs. Ce soir, Yannick nous emmènera poser les filets. Nous pourrons dormir sur sa toue cabanée, amarrée juste à l'aplomb de l'abbaye. C'est ici qu'eut lieu la terrible et fameuse « virée de galerne », après la défaite de Cholet, en 1793.

Quatre-vingt mille personnes, femmes, enfants, vieillards et soldats vendéens parviennent à passer la Loire afin de rejoindre les insurgés de Bretagne. Dans l'abbaye, cinq mille Bleus sont prisonniers ; impossible de les emmener. Ordre est donné de les massacrer. Un carnage épouvantable commence, qui sera interrompu par Bonchamps, chef vendéen mortellement touché à Cholet, et qui est en train d'agoniser. « Grâce aux prisonniers ! » : ses derniers mots courent de bouche en bouche jusqu'aux bourreaux, qui obéiront. On voit à Saint-Florent la statue de Bonchamps mourant, sculptée par David d'Angers, dont le père faisait partie des détenus. L'exemple magnanime de Bonchamps ne sera pas suivi par les généraux républicains. Barère réclame pour soumettre la région des produits incendiaires, Carrier propose d'infester les puits avec de l'arsenic ; mais le plus zélé et le plus efficace sera Westermann. Ce brave officier a déjà fait égorger quinze mille personnes au Mans ; l'épisode de Saint-Florent lui fait mettre les bouchées doubles à la poursuite des fuyards. Bientôt il pourra se vanter au nom de la République : « Il n'y a plus de Vendée. Elle est morte sous notre sabre libre, avec ses femmes et ses enfants. Je viens de l'enterrer dans les marais et dans les bois de Savenay. J'ai écrasé les enfants sous les pieds des chevaux, massacré les femmes qui, au moins celles-là, n'enfanteront plus de brigands. Je n'ai pas un prisonnier à me reprocher. J'ai tout exterminé… » Westermann sera récompensé

pour ce bon travail au service de la République : une artère de la capitale porte aujourd'hui son nom.
Yannick pose ses filets au crépuscule, dans des retours de berges sans courants, en espérant capturer des carnassiers venus là se remplir la panse de frai. Il nous emmène ensuite sur la toue, où nous buvons un verre en regardant la nuit venir. Il raconte les nuits de pêche en hiver, lorsque les anguilles descendent par centaines. Le temps paraît long ; il faut relever le guideau toutes les heures, voire davantage à cause des feuilles mortes. Lorsque la pêche est calme, on a le temps de faire quelques tours de tarot avec les copains. Dans la journée, on fabrique les nasses, on répare les filets. On ne pêche plus le saumon, et guère l'alose ; hormis l'anguille, c'est la lamproie désormais qui procure le gros des revenus. L'été, les pêcheurs peuvent bien gagner avec la friture ; mais si l'année a été assez bonne, Yannick se refuse à ponctionner le fleuve plus qu'il n'est nécessaire. Le sandre et le brochet se raréfient, en partie à cause des silures – ces monstres qui prolifèrent sur tout le cours de la Loire, et dont certains atteignent quatre-vingts kilos pour deux mètres cinquante –, en partie aussi à cause de l'accélération du courant. La pêche de l'anguille d'avalaison au guideau ne se pratique plus qu'en Loire : le bateau est placé dans le chenal, et laisse traîner des filets oblongs aux mailles de plus en plus fines où les anguilles s'emprisonnent. La nuit, la toue est livrée au froissement de l'eau.

L'abbaye poudrée d'or dans le ciel marine s'éteindra à minuit. Il ne restera plus, pour veiller sur notre sort, que la lune qui se hisse le long des haubans du pont. Je lis les carnets de bord oubliés dans un placard. Les plus anciens datent des années quarante. On y trouve les relevés des prises quotidiennes, et aussi les résultats des parties de belote nocturnes entre les pêcheurs. Le saumon y est appelé pointu, printemps, madeleineau, les aloses cornauds ou métiviers. Certaines périodes sont désespérantes : « Crue, pas de pêche… En février pêché cinq pointus seulement… Nous nous sommes rallongés de quelques pieux dans la soirée de mardi, sans résultat… Pas de nouvelles des poissons !… Joubert porté disparu au cours d'une tournée de balisage… » Le ciel est étudié, redouté : « 17 février 48 : temps très mauvais, argne sur argne, forts coups de vent… » Puis le beau temps, quelques jours plus tard : « Maîtresse nue qui pousse de mer, le temps est doux… Saumons : 3 600 francs – Aloses : 4 600 francs »… Semaine après semaine, on suit la vie des pêcheurs embarqués sur le fleuve caractériel, leurs difficultés, leurs soulagements. « Nous avons été voir s'il y avait une place en tête de l'île dans le chenal. Pas un endroit, n'étant que des trous et des buttes, et le sable très mouvant… 1er janvier 50 : saumon de 8 kg. » Quelques jours plus tard : « Quatre saumons, trente-cinq kilos… L'eau est blanche… L'eau est blanche comme du lait… Le carrelet de galerne a encore pêché bien plus que l'autre... Le grand Henri s'est fracturé un pied... Pêche nulle... Pêche nulle... Pêche nulle... Les aloses dévoyées en galerne. Aujourd'hui trente kilos... »

Au petit matin, Yannick passe nous chercher. Dans le premier filet, il relève trois beaux sandres et quelques grosses brèmes. La brème est paraît-il la putain de la Loire: fâcheuse réputation due à la facilité avec laquelle elle se croise avec les autres espèces. Dans les autres filets, les mulets crépitent par dizaines. Le soleil naissant badigeonne Saint-Florent d'une pellicule d'or pâle.

En passant sous le pont, Yannick réduit l'allure. S'il portait un chapeau, on sent qu'il l'ôterait, devant une maison modeste qui domine la berge: c'est là que vit « notre écrivain ». Pour un peu, j'inclinerais moi aussi la tête devant la demeure de monsieur Gracq, à qui je dois quelques bonheurs.

Il faut s'arracher à ces dernières images d'une Loire heureuse, jeune fille de village faisant voler dans sa danse ses dentelles de sable. Plus loin, c'est Ancenis qui expose au vent de galerne les vestiges de sa richesse, Ancenis où notre rivière se danubise, devient trouble et masculine, épaisse, trop puissante, trop rapide: le travail incessant des dragues, le rétrécissement artificiel du lit ont fait doubler la vitesse du courant, créant des dommages peut-être irréparables. Passons sans faire halte à Liré où le pauvre Joachim peinerait à retrouver la douceur d'antan (et rien ne prouve qu'il apprécierait ces vers du charcutier local : « Heureux qui comme Ulysse/Mange une bonne saucisse »). Certes, la Loire nous réserve encore quelques belles surprises : Champtoceaux et ses collines, par exemple, dominant superbement l'ancien péage fortifié, dans un resserrement quadrillé de digues herbeuses, face au ravissant petit port d'Oudon. Ici le fleuve s'étrangle entre ses coteaux de micaschistes : soudain le voici plus étroit qu'à Gien ! Plus loin encore, c'est Mauves, avec le bras mort abritant quelques ports de plaisance. Mais on sent bien que le cœur n'y est plus.

Les villages désormais s'égrènent le long du fleuve élargi, alignant leurs maisons basses tapies comme des chiens sous le ciel gris : Saint-Simon, la Possonnière, la Pierre-Percée, Coudrouse, la Chebuette, le Bout-des-Ponts, Boire-Courant... La Loire se fait immense, elle se hausse du col, la pauvrette, elle joue à l'océan. On sent bien ici l'influence de la marée – et pour cause : elle remonte jusqu'à Ancenis désormais. Les funestes dragues sont posées comme des tiques sur la peau du fleuve. L'eau est lourde, malade, c'est fini, ce n'est plus la Loire, c'est un flot de boue qui nous portera jusqu'à l'estuaire. Plus question, désormais, d'imaginer ce rêve d'Alphonse Allais : faire deux Loire, une navigable, l'autre carrossable ; le sable a disparu dans les bétonnières.

Au Pellerin, un vieux regardeur de Loire veut bien me parler un peu, pourvu que je remplisse le verre ballon qui reste à demeure sur la petite table en terrasse. Il me montre du doigt l'endroit où l'*Antartis*, 18 000 tonnes, a été coulé par les Allemands. Le mât dépasse encore. Le vieux raconte que les Allemands ont détourné la Loire en coulant des bateaux, et je ne sais si je dois croire à cette version herculéenne de la Deuxième Guerre mondiale; mais il faudrait bien un demi-dieu, et pas manchot, pour redonner au fleuve sa limpidité d'antan. Autrefois, ici, l'eau était transparente, il traversait le fleuve à la nage. Je regarde les bouillons de vase qui se tordent comme de la réglisse. « Le bouchon vaseux ! » Je repense au ruisseau argentin et capricant du mont Gerbier qui fonce tête baissée vers un destin d'agonie glauque. Autrefois, la vase s'étalait à l'estuaire sur trois kilomètres. Aujourd'hui, ce sont trente-cinq kilomètres de boue que les poissons doivent traverser s'ils ont le projet de remonter – et plusieurs espèces, figurez-vous, ont cette exorbitante et fatale manie. La marée emporte très loin en amont ces monceaux de vase. C'est pourquoi la Loire charrie des poissons crevés, c'est pourquoi la vie de l'estuaire apparaît saccagée, c'est pourquoi le fleuve n'a jamais si bien mérité le surnom de Fleuve Jaune de l'Occident que lui donnait le cher Maurice Bedel, lequel pensait non à sa couleur mais à sa grandeur impériale... On a jadis percé des canaux : La Martinière, Vue. En vain. Dans un paysage triste et paisible, les roselières gagnent sur les chenaux envasés, constellés de poissons morts, parsemés de bateaux couchés sur le flanc qui n'attendent plus le retour de l'eau. C'en est fini, ou presque. La Loire n'est plus. C'est un Rhin, un Rhône, une autoroute qui s'étale en parking entre Paimbœuf et Saint-Nazaire. Un autre monde, où ne rôdent plus les fantômes des corsaires qui amenaient face au quai Éole de Paimbœuf les navires anglais arraisonnés, et le phare presque inutile cligne des yeux, incrédule, sur son passé enfui. On fabrique des morceaux d'avion, les folies des négriers ont été rachetées par des bourgeois très convenables ; en face, Saint-Nazaire, la vieille rivale, prospère dans le vacarme des ponts transbordeurs. Il faudrait d'autres bardes pour chanter la gloire et la beauté des chantiers navals d'où sortirent les premiers paquebots transatlantiques – *La Fayette, Paris, Ile-de-France, Normandie, France* (ne l'appelez plus jamais comme ça), sans parler des cargos, tel le *Pachacamac* qui emporta le pauvre Tournesol, et des navires de guerre comme le *Jean Bart*, dont les prouesses firent grand bruit. Les chantiers de Penhoët ont donné à la France et au monde les plus grands paquebots (*Majesty of the Seas*, 73 000 tonnes, 1 200 cabines pouvant accueillir 2 700 nababs), les syndicalistes les plus combatifs (le XXe siècle a été une longue grève interrompue par quelques périodes de travail), et Aristide Briand, qui défendit en 1929 l'idée des États-Unis d'Europe devant la Société des Nations. Sur soixante-quinze kilomètres de rive nord, le port autonome et ses gigantesques grues bleues, les torchères de la raffinerie de Donges font à la Loire un collier un peu punk. La nuit, à Saint-Nazaire, les alvéoles de la base sous-marine, le hérissement de grues, de silos, de poutrelles et de hangars s'illumine de feux multicolores, grâce à un sculpteur de lumières, Yann Kersalé. Notre époque – et elle n'a pas tort – aime ces artistes de l'impalpable, comme M. Bidault qui a transfiguré à Tours les îles de la Loire, le pont de Fil et la cathédrale, et à Paris la tour Eiffel.

Mais il est temps de quitter ces lieux trop fréquentés et trop bruyants. Les adieux s'accommodent mal du fracas de la vie ordinaire. Embarquons sur la *Pimpante II*, qui nous emmènera dans un « voyage au centre de l'estuaire », et demandons-lui de nous déposer sur la rive sud, plus calme et désolée, bordée de carrelets branlants. Dans l'une de ces « pêcheries », je rencontre Didier, qui passe là toutes ses heures de temps libre. Ce jour-là, il fait chaud, et l'espoir de relever un filet plein est bien mince. Régulièrement, il actionne la manivelle, monte le carrelet, le remet à l'eau. La cabane en bois, à laquelle on accède par une passerelle de planches rongées aux vers, tremble sur ses maigres pilotis. Nous buvons une bière en contemplant l'autre rive, les torchères triomphales dont nous sépare ce qui n'est plus la Loire, et pas encore l'Océan. C'est son bonheur, à Didier. Il vient là dès qu'il peut, se réfugier loin du monde énervant. L'automne et l'hiver, surtout, à la nuit, avec les copains, on débouche

le muscadet en se racontant des histoires de pêcheurs et en remontant les plies, les soles, les bars, les mulets. Autant en profiter, car bientôt une déviation, une rocade, une bretelle, enfin une de ces choses qui améliorent tellement la vie des hommes viendra balayer ces restes de bonheur rustique.
La Loire est là, pourtant, quelque part dans cette immensité café-au-lait. Elle glisse son courant d'eau claire, comme hier, comme toujours, elle bondit à la vitesse de la lumière à travers les nuages de vase ; accoudé à la rambarde de bois vérolé je la vois virevolter dans les remous bruns, elle est là, elle court se jeter entre les piles du pont de Saint-Nazaire, sans peur elle roule vers l'immensité bleue entre les rives encombrées de rochers coupants et d'algues chevelues, elle se faufile parmi les grands paquets de mer qui s'amoncellent, elle emporte très loin les anguilles et les noyés, se riant des courants, du tourment des ressacs, elle emporte les reflets des saules et des peupliers, des châteaux et des quais, les cris des mariniers et ceux des ouvriers, les chants des lavandières, les sirènes d'usines, regardez-la, c'est un filet bleu ciel étincelant qui va se noyer dans l'outremer ; en plissant les yeux on peut voir sa traîne s'enfoncer et se perdre pour ressortir là-bas, très loin, du côté de l'Eldorado.

Collection réalisée pour National Geographic France
par les Éditions Phileas Fogg.
Achevé d'imprimer en mai 2002 sur les presses
de Artes Graficas Toledo à Tolède (Espagne).
Dépôt légal : mai 2002.